TRATTENERE UNA SCOREGGIA PUÒ FARTI ESPLODERE?

LAUREN CLEARWELL

© Copyright 2025 - **Tutti i diritti riservati.**

Il contenuto di questo libro non può essere riprodotto, duplicato o trasmesso senza la diretta autorizzazione scritta dell'autore o dell'editore.

In nessun caso l'editore o l'autore potranno essere ritenuti responsabili per eventuali danni, risarcimenti o perdite economiche dovuti alle informazioni contenute in questo libro, sia direttamente che indirettamente.

Avviso legale:

Questo libro è protetto da copyright. È destinato esclusivamente a un uso personale. Non è consentito modificare, distribuire, vendere, utilizzare, citare o parafrasare alcuna parte o contenuto di questo libro senza il consenso dell'autore o dell'editore.

Dichiarazione di non responsabilità:

Il materiale contenuto in questo libro è fornito a scopi educativi e di intrattenimento.

Sebbene sia stato fatto ogni sforzo per garantirne l'accuratezza, l'autore e l'editore non forniscono alcuna garanzia, esplicita o implicita, riguardo alla completezza o all'affidabilità delle informazioni. Il lettore si assume la piena responsabilità per l'uso delle idee qui presentate e accetta che né l'autore né l'editore possano essere ritenuti responsabili per qualsivoglia perdita, lesione o danno che si presuma derivi da qualsiasi informazione o suggerimento contenuto in questo libro.

Nessun contenuto del presente testo deve essere considerato una consulenza medica, legale o professionale.

INTRODUZIONE

Ok, chiariamo subito una cosa prima di tuffarci in questa avventura tanto strana quanto meravigliosa. La verità è che hai scelto di leggere questo libro perché sei un adolescente con un sacco di domande fichissime a cui non vedi l'ora di trovare risposta. Non letteralmente, si capisce. Certo, queste domande potranno anche sembrare un po' bizzarre, ma anche le domande più bizzarre meritano risposte vere!

La tua giovane e brillante mente è probabilmente piena di fantastiche domande che ti saltano in testa quando cerchi di evitare i compiti o magari mentre fissi il soffitto. Domande che possono andare da «Perché la mia voce è così strana quando la registro?» a «Se trattengo una scoreggia, esplodo?». Sì, sei una persona curiosa e, indovina un po'? È una cosa fantastica e fa parte di ciò che ti rende unicamente te. Ehi, qui nessuno ti giudica!

Allora, vorrei iniziare dicendoti una cosa: non sei solo. Le persone di ogni età a volte si pongono domande strane, che ti fondono il cervello, tipo: «Perché ridiamo quando qualcuno inciampa?» o «È davvero possibile starnutire con gli occhi aperti?». Ammettiamolo: sono il tipo di domande che potrebbero spingere chiunque a fermarsi di colpo per riflettere.

Beh, la buona notizia è che *Trattenere una scoreggia ti farà esplodere? Domande curiose e risposte intriganti per adolescenti* è il tuo biglietto d'oro per cominciare a scoprire le risposte ad alcuni dei folli misteri della vita che non riesci a spiegarti. Ma prima che tu te ne esca con un «Ma è un libro di scienze?», non preoccuparti: questa non è una noiosa raccolta di aridi fatti. No, assolutamente no! Questo libro è pieno zeppo di risposte esilaranti e di tutto ciò che devi sapere su alcune delle stranezze della vita. Scoprirai delle cose davvero pazzesche che faranno esclamare i tuoi amici: «Aspetta, ma è vero?» o «Dove l'hai scoperto?».

Il punto è questo: essere curiosi è uno degli aspetti migliori dell'essere adolescenti e, in generale, esseri umani. Quindi, perché non assecondare questa curiosità e riempire la tua mente di nozioni? Scegli di essere te stesso fino in fondo ed esplora tutte le cose strane, meravigliose e assolutamente strampalate della vita a cui alcune persone magari pensano, ma di cui non osano mai parlare o cercare una risposta.

È importante che tu sappia che fare domande è qualcosa di cui dovresti andare fiero. E indovina un po'? Più la domanda è strana, meglio è! Dopotutto, non sei un adolescente qualunque, sei un futuro campione di Trivial. Quindi, allaccia le cinture e preparati per uno dei viaggi più strani, divertenti e spassosi che tu abbia mai intrapreso tra le domande più bizzarre della vita.

Che tu scelga di leggere questo libro per farti due risate, per cultura personale o solo per stupire i tuoi amici con fatti sbalorditivi, qui dentro c'è tutto ciò di cui hai bisogno. Quindi, vai avanti con sicurezza, sii orgoglioso della tua curiosità e andiamo a esplorare alcune delle domande più strane del mondo e le loro risposte ancora più strane. Che il divertimento abbia inizio!

PARTE I
LO STRANO E STRAVAGANTE CORPO UMANO

1

PERCHÉ LE PERSONE SONO COSÌ A LORO AGIO CON L'ODORE DELLE PROPRIE SCOREGGE?

Ecco un mistero puzzolente: perché l'odore delle nostre scoregge non ci disturba? È come se avessero guadagnato uno status VIP nel mondo degli odori. Allora, che cosa succede? Beh, tutto si riduce alla familiarità. Il tuo corpo è abituato ai suoi stessi odori naturali.

Quando rilasci una scoreggia, il tuo cervello essenzialmente dice, *Ho sentito di peggio-non è davvero un grosso problema.* Questo fa parte dell'insieme dell'*essere umano*, proprio come non ti dà fastidio l'odore della tua stanza, anche se è un po' strano, perché ci sei abituato.

Ma quando qualcun altro ne lascia una? È una storia completamente diversa. Il tuo cervello non sa cosa sta arrivando e passa istantaneamente in modalità *Che cos'è mai questo?*. È come la differenza tra ascoltare la tua canzone preferita e venire improvvisamente investito dalla playlist casuale di qualcun altro. L'estraneità ti colpisce come un attacco a sorpresa, e i tuoi sensi non sono davvero preparati.

Le scoregge sono composte da gas come azoto, ossigeno e anidride carbonica-sostanze che sono completamente innocue per te. Poiché sei tu a creare questi gas, il tuo cervello non li vede come una minaccia. Tuttavia, quando gli altri scorreggiano, il loro mix chimico unico è meno familiare, come se la playlist delle loro scoregge non corrispondesse molto al tuo stile.

Alla fine, tutto riguarda il comfort e la familiarità. *Le tue scoregge?* Sono solo un'altra parte di te. *Quelle degli altri?* Un colpo di scena che non avevi chiesto. Ma ehi, lascia correre-è la tua *fragranza*, dopotutto, e sei tu il creatore qui!

2

È POSSIBILE STARNUTIRE CON GLI OCCHI APERTI?

La risposta breve a questa intrigante domanda è sì, è possibile starnutire con gli occhi aperti. Detto questo, è importante aggiungere che quasi nessuno ci prova, e probabilmente l'idea non lo sfiora neanche. Quando starnutisci, il tuo corpo esegue essenzialmente un reset potente e completo, che libera il naso e le vie aeree da qualsiasi sostanza irritante.

Quando starnutisci si attivano molti dei riflessi del corpo umano, inclusa la chiusura automatica degli occhi. È una risposta naturale che aiuta a impedire a germi o particelle di entrarvi.

Potresti provare a starnutire con gli occhi aperti, ma probabilmente ti sentiresti piuttosto a disagio. I muscoli che controllano il movimento degli occhi e delle palpebre sono collegati a quelli che usi quando starnutisci. Quindi, quando starnutisci, la forza e la pressione possono rendere quasi impossibile tenere gli occhi aperti, almeno senza un vero e proprio sforzo.

Perciò, non temere. Non corri il rischio che i bulbi oculari ti schizzino fuori quando starnutisci. Quindi, anche se è fisicamente possibile starnutire con gli occhi aperti, probabilmente è meglio lasciarli chiudere: dopotutto, il tuo corpo sa quello che fa!

3

PERCHÉ ABBIAMO LE SOPRACCIGLIA E A COSA SERVONO?

Le sopracciglia non servono solo a darti uno sguardo più espressivo o a farti sfoggiare delle *sopracciglia impeccabili* sui social media. Però, siamo sinceri: fa parte del loro fascino! Il compito principale delle sopracciglia, in realtà, è proteggere uno dei tuoi doni più preziosi: gli occhi. Puoi vederle come dei piccoli e stilosi scudi che tengono lontani sudore, acqua e polvere. È come se le tue sopracciglia dicessero: «No, oggi no, pioggia!» oppure «Forza, via di qui, sudore!», così la tua vista rimane limpidissima proprio quando ne hai più bisogno.

Ma aspetta, c'è di più! Le sopracciglia ti aiutano anche a comunicare senza proferire parola. Forse non ci hai mai fatto caso prima, ma è importante prestare attenzione alle sopracciglia. Si muovono quando una persona è scioccata, confusa o anche assorta nei suoi pensieri. Le tue sopracciglia sono un po' come un sistema di emoji integrato nel tuo viso. Pensa all'ultima volta che hai ricevuto una sorpresa. Hai notato di aver alzato le sopracciglia per lo stupore? No, non è solo uno strano riflesso; sono le tue sopracciglia che fanno il loro lavoro per aiutarti a esprimerti meglio.

E un'altra cosa che potrebbe sorprenderti è che le tue sopracciglia giocano un ruolo molto importante nell'aiutare gli altri a riconoscere il tuo viso. Sì, hai letto bene! Possiedi un tuo personalissimo sistema di riconoscimento facciale integrato e ad alta tecnologia. Ammettiamolo: nessuno ti scambierà per qualcun altro quando noterà la tua caratteristica alzata di sopracciglio!

Quindi, anche se le tue sopracciglia non avranno dei superpoteri, sono decisamente più utili che essere solo alla moda. Sono le piccole eroine silenziose del tuo viso: proteggono i tuoi occhi, esprimono le tue emozioni e si assicurano che la gente sappia che sei proprio tu!

4
PERCHÉ SOGNIAMO, E I SOGNI HANNO SIGNIFICATI NASCOSTI?

I sogni. Sono un'avventurosa esplorazione del tuo subconscio o soltanto il tuo cervello che fa baldoria fino a tardi? Sinceramente, nessuno lo sa per certo. Quello che *sappiamo*, però, è che i sogni sono fondamentalmente il modo in cui il tuo cervello mette ordine nel caos della giornata, solo che invece di farlo ordinatamente, rimescola tutto quanto e all'improvviso ti ritrovi a cavalcare un unicorno a tutta velocità in un supermercato affollato.

Ma i sogni non sono solo trame interessanti; ti aiutano a elaborare emozioni, ricordi e tutta la roba a caso che ti passa per la testa. È come se il tuo cervello decidesse: «*Va bene, è ora di fare pulizia!*», solo che invece di organizzare le cose per bene, trasforma il tuo stress in un film d'azione coi fiocchi in cui tu sei il protagonista.

Quindi, i sogni *significano* davvero qualcosa? Alcuni ricercatori pensano che ti aiutino ad affrontare sentimenti irrisolti. Perciò, se sogni di presentarti a scuola solo con le tue mutande preferite che si illuminano al buio, forse il tuo cervello sta cercando di dirti che sei molto più stressato di quanto dovresti. O forse ti sta solo prendendo in giro.

Altri pensano che i sogni siano semplicemente il modo in cui il cervello dà un senso a pensieri casuali, il che spiegherebbe perché all'improvviso ti ritrovi a pilotare un'astronave a forma di taco. Forse ti senti avventuroso, o forse il tuo cervello ha solo uno strano senso dell'umorismo. In ogni caso, che i tuoi sogni abbiano o meno un significato nascosto, rendono il sonno decisamente più interessante. Basta non pensarci troppo a quello in cui un pancake gigante ti insegue.

5
CHE COS'È L'ALITO DEL MATTINO?

Ah, probabilmente conosci bene l'alito del mattino. Immagino si possa dire che questa è una delle cose che piacciono di meno alla maggior parte delle persone quando si svegliano. Allora, cosa succede davvero lì dentro? Beh, a dire il vero, è tutta una questione di batteri.

Quando dormi profondamente, tutto il tuo corpo, bocca compresa, entra in *modalità riposo* e la produzione di saliva rallenta. Questo significa che mentre dormi, c'è meno di quel collutorio naturale per mantenere la bocca fresca, così i batteri si danno da fare mentre la tua bocca riposa, nutrendosi di qualsiasi particella di cibo rimasta. Il risultato? Quel delizioso alito del mattino.

L'alito del mattino potrebbe farti sentire un po' in imbarazzo, ma non è davvero qualcosa di cui dovresti preoccuparti; è una parte perfettamente normale dell'essere umano straordinario che sei! Succede a tutti, anche a quelli che proclamano con orgoglio di non aver mai avuto l'alito cattivo in vita loro. La realtà è che al mattino è semplicemente peggio, perché i batteri nella tua bocca hanno avuto tante ore per fare una festa senza supervisione mentre dormivi, e la tua bocca non ha avuto la possibilità di rinfrescarsi.

Ora, perché ha un odore così cattivo? Beh, quei batteri affamati, mentre scompongono i residui di cibo, producono composti di zolfo, e sono proprio questi composti a dare all'alito del mattino quell'odore da «bleah». Quindi, se il tuo alito puzza come se ti fosse morto qualcosa in bocca, è solo il modo in cui il tuo corpo ti sta dicendo: *«Abbiamo fatto faville stanotte! Grazie!»*.

Per fortuna, l'alito del mattino è qualcosa che puoi risolvere abbastanza facilmente lavandoti i denti, usando il collutorio e bevendo acqua appena ti svegli. Perciò, la prossima volta che ti sveglierai con il temuto alito del mattino, ricorda: è il modo in cui il tuo corpo ti saluta con entusiasmo al mattino con un particolarissimo: *«Sveglia, dormiglione! È ora di lavarsi i denti!»*.

6
LE PERSONE POSSONO DAVVERO ANDARE IN AUTOCOMBUSTIONE?

Questa è un'altra domanda piuttosto affascinante. La risposta è «no». Per quanto possa sembrare fico e forse terrificante nei film, l'idea di poter prendere fuoco all'improvviso non è qualcosa di cui devi preoccuparti nella vita reale.

La combustione umana spontanea (SHC) è «l'idea che qualcuno possa improvvisamente prendere fuoco senza una causa apparente», come un assurdo incidente o una qualche magia inspiegabile. Drammatico, vero? Tuttavia, non esiste alcuna prova concreta che questo fenomeno si verifichi in natura. Quello che potrebbe accadere in realtà, in questi rari casi, è che una piccola scintilla o fiamma inneschi il fuoco e che poi il grasso del corpo umano agisca come un gigantesco stoppino, facendolo bruciare più velocemente. Non è combustione spontanea; è più simile a un barbecue andato malissimo, senza invitati alla grigliata e senza marshmallow.

Quindi, niente panico: non ti trasformerai in una torcia umana mentre fai binge-watching della tua serie Netflix preferita. Se senti caldo, molto probabilmente è solo perché ti sei dimenticato di accendere il ventilatore o l'aria condizionata, non perché stai per prendere fuoco all'improvviso. E se sei preoccupato per quelle candele o quegli accendini che hai in giro per casa, è una buona idea mettere giù questo libro per un secondo e spostarli in un posto sicuro. A parte questo, è molto più probabile che tu ti prenda una brutta scottatura piuttosto che andare in autocombustione.

7
PERCHÉ LE VOCI HANNO UN SUONO COSÌ PARTICOLARE NELLE REGISTRAZIONI?

Hai mai ascoltato con curiosità una registrazione della tua voce e pensato: «*Ma chi diavolo è?*»? Se non l'hai mai fatto, è ora che tu lo faccia, perché rimarrai a bocca aperta... ovviamente non in senso letterale. Ascoltare la propria voce in una registrazione può dare la sensazione di sentire un perfetto sconosciuto che ti parla. Se ti capita, non preoccuparti: non stai affatto impazzendo. La tua voce suona davvero diversa nelle registrazioni, e in realtà, se ci pensi, è piuttosto divertente.

Ma perché succede? Beh, quando parli, la tua voce arriva alle orecchie in due modi. Per prima cosa, proprio come ti aspetteresti, c'è il suono che viaggia attraverso l'aria. Poi, c'è anche il suono che proviene dall'interno della tua testa! Sì, hai letto bene: proprio dall'interno della tua testa. Anche se non te ne rendi necessariamente conto, il tuo cranio vibra, e quelle vibrazioni portano una versione più ricca e profonda della tua voce al tuo orecchio interno. Quindi, quando ti ascolti, è come se ricevessi un pass VIP speciale per l'*edizione deluxe e completa* della tua stessa voce.

Quando ascolti una tua registrazione vocale, il microfono capta solo il suono che proviene dall'esterno della tua testa: la versione aerea. Non ci sono vibrazioni craniche aggiuntive né profondità extra. Ecco perché la tua voce registrata spesso suona un po' più acuta o sottile di quella che sei abituato a sentire. In pratica, stai ascoltando la *versione radiofonica* di te stesso, non quella immersiva in 3D che sperimenti nella vita reale.

Indovina un po'? Anche i microfoni hanno le loro particolarità. Potrebbero esagerare certi aspetti della tua voce, come le note alte o quel suono peculiare che fai quando dici la parola *squirrel*. È per questo che le registrazioni a volte possono farti sembrare una persona completamente diversa, portandoti a chiederti: «*Ma sono davvero io?*». Quindi, la prossima volta che storci il naso sentendo la tua voce in una registrazione, ricorda: non sei tu, è la scienza... e forse al microfono non piace proprio la tua estensione vocale unica!

8
COSA SUCCEDE QUANDO TI SI ADDORMENTA UN PIEDE?

Ti è mai capitato di stare seduto per un po' e all'improvviso sentire il piede come un blocco informe, strano e intorpidito, che non ti appartiene? Provi a muoverlo, ma è come se avesse deciso di farsi un pisolino senza prima chiederti il permesso. E allora, cosa succede veramente quando un piede si addormenta?

Beh, in realtà non è una specie di sonno mistico; è più come se il piede facesse i capricci perché non riceve le attenzioni di cui ha bisogno. Succede quando premi su certi nervi o vasi sanguigni, cosa che di solito accade se ti siedi in una posizione scomoda o accavalli le gambe. Quando questa pressione aumenta, può bloccare il flusso sanguigno e interferire con i segnali nervosi diretti al piede. Il tuo cervello inizia a ricevere messaggi sbagliati, ed è allora che cominci a sentire quella strana sensazione di formicolio che tutti conosciamo e che, in un modo un po' bizzarro, forse addirittura amiamo.

Quella sensazione si chiama parestesia. È il modo che ha il tuo corpo per dirti: *«Ehi, non mi arrivano ossigeno e nutrienti da un po' troppo tempo; ti sposti, per favore, così mi sveglio?»*. Quando finalmente cambi posizione e permetti al sangue di tornare a scorrere verso il piede, i nervi ricominciano a funzionare correttamente, ed è per questo che senti quella sensazione di *mille spilli*. È come se il tuo piede dicesse: *«Evviva, finalmente sento di nuovo qualcosa!»*.

Quindi, anche se è una cosa super fastidiosa, è solo il tuo corpo che fa un po' il melodrammatico. La buona notizia è che è un fenomeno innocuo, solo un piccolo promemoria da parte del tuo piede per ricordarti di volergli bene ed evitare di stare seduto in quella posizione scomoda troppo a lungo.

9
PERCHÉ STARNUTIRE È COSÌ PIACEVOLE?

Hai mai notato quanto sia stranamente appagante starnutire? Sai, quella sensazione di quando trattieni uno starnuto per un po' e poi, *boom*, il tuo corpo ha finalmente il suo momento di gloria e ti sembra che nella testa ti scoppi una piccola festa. Ma perché starnutire è così piacevole? È forse una specie di piacere segreto di cui nessuno ci ha mai parlato?

A quanto pare, gli starnuti sono il modo con cui il nostro corpo preme il pulsante di *reset*. Quando starnutisci, il corpo espelle le sostanze irritanti, che si tratti di polvere, polline o semplicemente di quel solletico improvviso nel naso. Ma il punto è questo: non si tratta solo di liberarsi di quelle sostanze irritanti. La sensazione di sollievo e liberazione è parte del divertimento. Lo starnuto attiva ogni tipo di muscolo del viso, del petto e persino della pancia. È come se il corpo facesse una specie di mini-allenamento, lasciandoti addosso quella sensazione di *ahhh*.

Ma aspetta, c'è di più! Starnutire, infatti, rilascia una scarica di endorfine, le stesse sostanze chimiche del benessere che si attivano quando fai esercizio fisico o ridi. Queste endorfine sono come il modo che ha il tuo cervello per darti il cinque dopo lo starnuto. In pratica, è il tuo corpo che ti dice: *Ehi, hai pulito bene il naso, ecco una piccola ricompensa!*

Ecco perché a volte starnutire è così bello: ottieni una rapida ondata di sollievo, una carica di endorfine e, ammettiamolo, un fantastico senso di appagamento. È come se il tuo corpo avesse appena premuto il pulsante di refresh del tuo intero sistema. Quindi, la prossima volta che starnutisci, prenditi un momento per apprezzare la piccola festa che il tuo corpo sta organizzando solo per te. Te la meriti!

10

A COSA SERVE LA PELLE D'OCA?

Ti sarà capitato di provare quei momenti in cui un brivido improvviso ti percorre e la pelle ti si ricopre di minuscole protuberanze, quasi come se il tuo corpo si fosse trasformato in un puntaspilli umano. Sai, quell'inconfondibile pelle d'oca? È come se il tuo corpo cercasse di inviarti un messaggio, ma il messaggio è un po', diciamo così, confuso. Allora, a cosa serve, in fin dei conti, la pelle d'oca?

Beh, che tu ci creda o no, la pelle d'oca è in realtà una caratteristica innata che abbiamo ereditato dai nostri antenati pelosi. Già, prima di evolverci negli esseri umani dalla pelle liscia che siamo oggi, i nostri parenti cavernicoli avevano una pelliccia che li aiutava a stare al calduccio e a sembrare più grossi di quanto fossero. Quando sentivano freddo, i peli del loro corpo si rizzavano e intrappolavano più aria per mantenerli al caldo. Quindi, quando ti viene la pelle d'oca, il tuo corpo sta essenzialmente facendo del suo meglio per imitare un antenato infreddolito e peloso che cerca di stare comodo... solo che, ehm, noi non abbiamo più la pelliccia.

Ma la pelle d'oca non compare solo quando si ha freddo! Appare anche quando provi emozioni forti, come paura o eccitazione, o quando ascolti una canzone o una storia pazzesche. Questa è la cosiddetta reazione di attacco o fuga: il tuo corpo si prepara a qualcosa di intenso, come se stessi per prendere il massimo dei voti alla prossima verifica di scienze o per scappare da un orso grizzly a velocità olimpionica. I minuscoli muscoli situati alla base dei follicoli piliferi si contraggono e questo provoca la formazione delle protuberanze. È un po' come se il tuo corpo dicesse: *«Non so se dovrei essere spaventato, emozionato o solo super confuso, quindi intanto faccio così!»*

Quindi, anche se la pelle d'oca non ha più un vero e proprio scopo per noi, è un bizzarro promemoria di quanto sia unico il nostro corpo e di come si aggrappi ancora a vecchi trucchi del passato... e a volte, è solo una reazione divertente a cose che ci fanno vibrare le emozioni.

11

PERCHÉ LE DITA SI RAGGRINZISCONO IN ACQUA?

Passare del tempo a rilassarsi in piscina o fare un lungo bagno può farti ritrovare all'improvviso con le dita che sembrano pronte per un provino per il ruolo di un'antica e saggia creatura in un film di fantascienza. È come se da lisce e levigate si trasformassero in qualcosa che appartiene più a una pubblicità di uva passa in televisione che al tuo corpo. Ma perché succede? Forse il tuo corpo sta solo cercando di darti un'anteprima di come sarai a novantanove anni? Non proprio!

A quanto pare, le dita raggrinzite non sono solo uno strano effetto collaterale dello stare un po' troppo in acqua, ma c'è una ragione ben precisa. Il tuo corpo, in questo caso, si sta facendo furbo. Quando le dita delle mani, e forse anche quelle dei piedi, si raggrinziscono in acqua, è una risposta del sistema nervoso. Sai, il tuo corpo è super intelligente e, che tu ci creda o no, questo raggrinzimento potrebbe aiutarti ad afferrare meglio le cose. È come dare alle tue dita un paio di guanti naturali impermeabili!

In passato, gli scienziati credevano che il raggrinzimento fosse solo il risultato della pelle che assorbe acqua e si gonfia in modo strano. Tuttavia, le ricerche ora dimostrano che si tratta in realtà di un trucco di sopravvivenza piuttosto ingegnoso. Le rughe creano una maggiore superficie, il che aiuta le mani ad afferrare oggetti bagnati e scivolosi, un po' come il battistrada di uno pneumatico. Forte, no? Quindi, se tu fossi un cavernicolo che cerca di raccogliere cibo in un ambiente umido, le tue dita raggrinzite ti darebbero una presa migliore su rocce, piante o qualsiasi cosa stessi cercando di afferrare.

Anche se oggi forse non ci serve per sopravvivere, è comunque un piccolo e bizzarro promemoria di come il nostro corpo si adattava un tempo. E siamo onesti: a chi non piace quel momento con le dita raggrinzite per sentirsi un po' più interessanti in piscina o dopo un bagno?

12

A COSA SERVE DAVVERO L'UGOLA?

L a cosa? Beh, hai presente quella piccola cosa *penzolante* che dondola in fondo alla gola quando dici «*Ahh*»? Esatto, quella è l'ugola... e no, non è lì solo per sembrare uno strano ornamento o per farti avere una voce buffa quando provi a cantare. Quindi, a cosa serve davvero questo misterioso pezzetto di carne che se ne sta lì a penzolare in gola?

Beh, che tu ci creda o no, l'ugola in realtà ha un compito piuttosto importante da svolgere. Non è lì solo per metterti in imbarazzo quando provi a parlare in pubblico o per farti sentire a disagio per come appari quando sbadigli. Uno dei suoi compiti principali è aiutare la deglutizione, in particolare impedendo a cibo e liquidi di risalire nel naso. Sai, come quella volta che hai provato a bere qualcosa e per sbaglio ti è schizzato fuori dal naso? Ecco, quella è l'ugola in azione, che si assicura che non succeda... o almeno, il più delle volte.

Ma non è tutto! L'ugola aiuta anche a parlare, contribuendo al modo in cui pronunci determinati suoni. Aiuta a controllare il flusso d'aria e le vibrazioni nella bocca e nella gola, rendendola una parte cruciale per parlare chiaramente. È come l'eroe non celebrato delle tue corde vocali, che fa il suo lavoro in silenzio perché tu possa chiacchierare senza sembrare un disastro.

Quindi, anche se potrebbe sembrare una piccola e insignificante massa di qualcosa che se ne sta lì appesa, la tua ugola è in realtà un elemento chiave per deglutire, parlare e assicurarsi che tu non inspiri accidentalmente la cena. È la campionessa misconosciuta della tua gola, che fa il suo dovere senza mai chiedere un grazie!

13

ESISTE UNA SPIEGAZIONE SCIENTIFICA PER IL SOLLETICO?

Allora, stai leggendo un bel libro, in totale relax, quando all'improvviso qualcuno ti tocca i fianchi. Istantaneamente, ti contorci e scoppi in una risata incontrollabile. Cos'è appena successo? Sei caduto vittima del solletico.

La scienza ci dice che esistono due tipi di solletico. La *knismesi* è quella sensazione leggera e di pizzicore, come un insetto che ti si posa addosso o una piuma che ti sfiora. Potrebbe farti un po' trasalire, ma di solito non fa ridere di gusto. Poi c'è la *gargalesi*, il tipo di solletico che ti fa scoppiare dalle risate quando qualcuno ti solletica i fianchi, i piedi o le ascelle.

Quando ti fanno il solletico, la pelle invia segnali diretti al cervello, che decide rapidamente se la sensazione è pericolosa o solo un gioco, e scatena la tua reazione di risa e contorsioni. Prova a farti il solletico da solo e non succederà niente: il tuo cervello sa già cosa stai per fare e blocca la reazione.

Alcuni scienziati pensano che la sensibilità al solletico sia un meccanismo di sopravvivenza, dato che i punti più vulnerabili del corpo sono anche quelli più sensibili. Altri dicono che sia tutta una questione di legami: i bambini ridono quando i genitori fanno loro il solletico e gli amici fanno la lotta al solletico solo per divertirsi. In breve, il solletico è lo strano modo che ha il tuo cervello per tenerti al sicuro e farti ridere, anche se a volte ti fa un po' impazzire.

14

COSA SUCCEDE QUANDO LE ORECCHIE SI TAPPANO ALL'IMPROVVISO IN AEREO?

Lo scrocchio nelle orecchie: quella sensazione che ti fa venire voglia di ficcare la testa sotto un cuscino finché non smette. Stai volando a 30.000 piedi, ti godi lo snack di bordo e all'improvviso: pop! Di punto in bianco, senti le orecchie come se fossero state tappate ad arte con del cotone. *Cosa succede là dentro? Ti si stanno rompendo le orecchie? O forse ce l'hanno segretamente con te?*

Macché, è solo il tuo corpo che fa il suo dovere per farti stare comodo, anche se la sensazione è un po' strana. Quando sei in volo, la pressione dell'aria nella cabina dell'aereo cambia man mano che sali di quota o scendi. Le tue orecchie sono come dei minuscoli monitor sensibili alla pressione e, quando la pressione nella cabina non corrisponde a quella all'interno dell'orecchio medio, il timpano si tende per cercare di equilibrare il tutto. Il risultato è quel suono scoppiettante e, onestamente, è solo il tuo corpo che cerca di mantenere l'equilibrio.

Normalmente, le tue orecchie sono piuttosto brave a gestire la situazione. Le *tube di Eustachio* sono «quei minuscoli canali che collegano l'orecchio medio al retro del naso e della gola e aiutano a regolare la pressione». A volte, però, specialmente se hai il raffreddore, sei congestionato o semplicemente stai volando ad alta velocità, questi canali possono bloccarsi un po'. È in quel momento che senti la pressione accumularsi e hai bisogno di stapparti le orecchie.

Per aiutare ad accelerare il processo, puoi provare a deglutire, sbadigliare o soffiare delicatamente dal naso tenendolo chiuso. Ricorda però di non soffiare troppo forte: non c'è bisogno di creare una crisi di pressione. Questo aiuta le tue tube di Eustachio ad aprirsi e a bilanciare la pressione.

Quindi, anche se il rumore delle orecchie che si stappano può sembrare un po' drammatico, in realtà è solo il modo in cui il tuo corpo ti dice: *«Ci penso io, lascia che mi occupi della pressione»*. Se solo gli snack in aereo fossero bravi a gestire la situazione quanto lo sono le tue orecchie!

15
SI PUÒ SUDARE COSÌ TANTO DA SCIVOLARE SUL PROPRIO CORPO?

Potrebbe sembrare una di quelle cose che succedono solo nei cartoni animati più spassosi, ma se sei mai sopravvissuto a un'ora di ginnastica in una giornata afosa, *sai* bene di cosa parlo. Un attimo prima stai spaccando con i burpee, e un attimo dopo – *zac!* – la mano ti scivola via come se avessi appena messo il piede su una saponetta fatta di... be', di te stesso.

Quindi, che succede? Prima di tutto, se sei un essere umano, sudi! I livelli di sudorazione possono variare molto da persona a persona, ma in media, la maggior parte della gente perde tra 0,5 e 2 l di sudore all'ora quando fa esercizio fisico. Anche nelle giornate tranquille, in cui ti muovi a malapena, il tuo corpo può comunque rilasciare circa 3 l, solo per il fatto di esistere. Quindi sì, anche fare pochissima attività fisica può farti perdere liquidi come un rubinetto che gocciola lentamente.

Il più delle volte, i vestiti assorbono il sudore, o semplicemente evapora. Ma se sei a torso nudo, a piedi scalzi, o ti alleni su una superficie liscia, scivolare nel tuo stesso sudore è effettivamente possibile. Non è comune, ma decisamente possibile.

Ora, se sei una persona che suda *molto*, anche quando non ti muovi granché, potresti soffrire di una cosa chiamata iperidrosi. È solo un nome complicato per definire una sudorazione eccessiva che si verifica quando le tue ghiandole sudoripare non sanno quando darsi una calmata. È una condizione reale, un po' frustrante e, sì, può aumentare parecchio il rischio di scivolare. È risaputo che le persone con iperidrosi inzuppano magliette e scarpe e, ogni tanto, lasciano delle piccole pozzanghere sul loro cammino.

Quindi, si può scivolare sul proprio corpo? Sì, non è una cosa che succede tutti i giorni, ma non è assolutamente un mito, specialmente se il tuo corpo è in modalità idrante. Solo un motivo in più per portarsi un asciugamano e magari anche per riconsiderare di fare le flessioni su superfici su cui si può scivolare quando sono bagnate.

PARTE II
STRANE REAZIONI E BIZZARRIE QUOTIDIANE

16

PERCHÉ RIDIAMO QUANDO QUALCUNO CADE?

Se qualcuno inciampa, barcolla o fa un capitombolo, all'improvviso ti ritrovi a fare del tuo meglio per non scoppiare a ridere. È come se fosse più forte di te, anche se temi che possa essersi fatto male. *Allora, perché ridiamo quando qualcuno cade? Siamo tutti segretamente sadici, o c'è sotto qualcosa di più profondo?*

Beh, a quanto pare c'è una ragione psicologica dietro a tutto questo, e non è perché sei una persona malvagia. Quando qualcuno cade, si innesca quella che viene chiamata la *teoria dell'incongruenza*: in poche parole, il nostro cervello trova divertente ciò che non va come previsto. Nella vita di tutti i giorni, siamo abituati a vedere le persone in piedi che camminano come esseri umani normali. Perciò, quando qualcuno fa un ruzzolone, è un momento inaspettato e il nostro cervello lo trova sorprendente, anche se sappiamo che probabilmente è una cosa innocua. È come se il cervello dicesse: *«Wow, non doveva assolutamente succedere... e invece è successo. E ora non so come reagire, quindi ci riderò su e basta»*.

Ma il bello è questo: ridiamo anche perché siamo sollevati. Quando qualcuno cade, c'è quella frazione di secondo in cui tutti pensiamo: *«Oh no, sta bene?»*. Ma se si rimette in piedi come se niente fosse, veniamo travolti da un senso di sollievo e non possiamo fare a meno di ridere della comicità della situazione. È quasi come se ridere fosse il modo in cui il nostro corpo scarica la tensione accumulata con la caduta.

Quindi, anche se potrebbe sembrare che siamo solo dei ridacchioni senza cuore, la risata è in realtà una reazione naturale a un mix di sorpresa, sollievo e, onestamente, alla pura assurdità di vedere qualcuno diventare un tutt'uno con il pavimento. Ricorda solo di controllare prima che stia bene... poi potrai ridacchiare senza sentirti in colpa.

17

PERCHÉ LE ZANZARE TI CONSIDERANO UN PASTO A CINQUE STELLE E LASCIANO IN PACE TUTTI GLI ALTRI?

Nella natura esistono dei minuscoli vampiri ronzanti che sembrano non averne mai abbastanza del sangue di alcune persone: le famigerate zanzare. Te ne stai tranquillo fuori o dentro e, all'improvviso, *zac!* Qualcun altro viene attaccato, mentre tu vieni lasciato in pace. *Perché le zanzare preferiscono alcune persone ad altre? Sono semplicemente scarse a fare amicizia, o c'è del metodo nella loro folle frenesia ronzante?*

Beh, a quanto pare le zanzare sono piuttosto schizzinose riguardo alle loro scelte culinarie. Non scelgono a caso su chi fare uno spuntino; hanno delle preferenze, e queste preferenze sono di fatto supportate dalla scienza. Prima di tutto, le zanzare sono attratte dall'anidride carbonica, una sostanza che tutti emettiamo respirando. Quindi, se respiri come un maratoneta dopo pochi scatti, potresti essere un bersaglio perfetto. Ma non si tratta solo di quanta aria emetti; le zanzare amano anche certi odori prodotti dalla pelle e dal sudore. Sostanze come acido lattico, acido urico e ammoniaca (gnam, vero?) possono farti profumare come un buffet a cinque stelle per zanzare.

Ma aspettate, c'è di più! Se hai una temperatura corporea più alta o produci più calore, le zanzare sono praticamente attratte da te come falene dalla luce. Quindi, se sei sempre la persona più calorosa nella stanza o hai i piedi che sudano facilmente, congratulazioni! Probabilmente sei il VIP del mondo delle zanzare.

Ed ecco una curiosità: alcune persone producono naturalmente più sostanze amate dalle zanzare, mentre per altre sono come un *buffet all-you-can-eat* per zanzare. Non è niente di personale; le zanzare hanno semplicemente le loro preferenze e, sfortunatamente, alcuni di noi sono delle calamite per zanzare ambulanti e ronzanti.

Quindi, la prossima volta che sei fuori e tutti gli altri vengono attaccati mentre tu sorseggi in pace il tuo tè freddo, ricorda solo questo: non è che tu sia meglio di tutti gli altri, è solo che per le zanzare sei un po' meno delizioso. Beato te!

18

PERCHÉ LO STOMACO FA PIÙ RUMORE PROPRIO QUANDO C'È SILENZIO?

Un altro momento imbarazzante: l'improvviso brontolio di pancia. Sei con gli amici, o magari a lezione, e all'improvviso... BUM! Il tuo stomaco decide di fare la sua entrata in scena, come se facesse un provino per un documentario sulla giungla. Sembra capitare sempre nel momento peggiore, vero? Allora, perché il tuo stomaco fa questo rumore plateale proprio quando sei in completo silenzio?

Beh, il motivo per cui ti brontola lo stomaco è che, in pratica, ti sta ricordando che ha fame e aspetta del cibo. Quando c'è silenzio, ci sono meno rumori a coprire il borbottio del tuo stomaco e del tuo intestino, quindi si nota molto di più. Immagina che sia il modo personale del tuo corpo per dirti: *«Ehi, senti, mi sto dando un gran da fare qui! Mi butti giù uno snack o qualcosa del genere? Qualsiasi cosa, per favore!»*

Questi brontolii si verificano quando lo stomaco e l'intestino cercano di digerire il cibo, anche se non c'è niente da digerire. È come se il tuo apparato digerente si annoiasse e volesse fare un piccolo controllo per assicurarsi che tutto funzioni ancora.

Inoltre, non è solo una questione di fame. A volte, lo stomaco entra in *modalità controllo* per vedere se sta per arrivare del cibo. È un po' come se stesse giocando a *«Vediamo-se-qualcuno-si-accorge-che-esisto»*. E dato che di solito succede quando c'è silenzio, tutti se ne accorgono, eccome. È come se il suono fosse molto più forte quando sei in un momento di quiete, specialmente a lezione o quando sei con gli amici.

Quindi, la prossima volta che il tuo stomaco decide di ricordarti i suoi bisogni e la sua presenza, sappi che sta solo cercando di attirare la tua attenzione. Niente di grave: la pancia di tutti a volte fa rumori strani. Fatti una risata, prendi uno snack e vai avanti!

19

SI PUÒ DAVVERO MORIRE DI IMBARAZZO?

Probabilmente avrai sentito qualcuno nella tua cerchia di amici dire: «Sono quasi morto di imbarazzo». Forse ti sarai anche chiesto: *Si può davvero morire di imbarazzo?* Hai presente quella sensazione quando inciampi davanti alla persona che ti piace o mandi per sbaglio un messaggio alla persona sbagliata, e la tua faccia passa da pallida a rossa come un pomodoro in 0,5 secondi? È la sensazione peggiore, vero? Naturalmente, potresti chiederti: *Tutto questo imbarazzo può davvero essere mortale?*

Beh, stai tranquillo. No, non si può davvero morire di imbarazzo. Anche se il tuo imbarazzo non causerà un'immediata schermata di *game over*, può avere degli effetti collaterali piuttosto divertenti. Quando sei in imbarazzo, il tuo corpo entra in piena modalità stress. Il cuore inizia a batterti all'impazzata, la faccia ti diventa rossa e potresti persino iniziare a sudare o sentirti come se stessi per svenire. È come se il tuo corpo dicesse: *Uh... oh, questo è un momento piuttosto imbarazzante; reagiamo a questa situazione come se fosse una questione di vita o di morte.* Ma in realtà, sei solo tu che cerchi di sopravvivere a un disastro sociale, non che stai avendo un infarto.

Il motivo per cui ci sembra di stare per morire quando siamo in imbarazzo è che il nostro corpo reagisce all'imbarazzo nello stesso modo in cui reagisce quando siamo ansiosi o spaventati. E hai indovinato, si tratta della reazione di *attacco o fuga*. Invece di scappare da un orso, stai cercando di fuggire dall'orso emotivo conosciuto come imbarazzo sociale. Il tuo corpo pompa adrenalina e cortisolo, che sono ormoni dello stress che ti fanno sentire nervoso, accaldato e pronto a sprofondare nel pavimento.

Ma non preoccuparti! Anche se ti sembra che la tua vita sociale stia andando in pezzi in tempo reale, è improbabile che un po' di imbarazzo metta fine alla tua vita, a meno che non ti impedisca di cercare aiuto medico quando ne hai bisogno. Sopravviverai per raccontarlo dopo qualche occasionale momento imbarazzante, e probabilmente ci riderai su più tardi. Ricorda solo questo: ci siamo passati tutti, e il tuo momento imbarazzante verrà dimenticato molto più in fretta di quanto pensi.

20

PERCHÉ SI DIVENTA HANGRY?

Hangry è quella magica combinazione di *hungry* (affamato) e *angry* (arrabbiato) che trasforma anche la persona più gentile in un mostro irascibile, a caccia di snack e pronto all'attacco. Probabilmente ti è già capitato di vederlo: una persona è di ottimo umore, ma non appena il suo stomaco inizia a brontolare, è come se scattasse un interruttore e, all'improvviso, diventasse una persona completamente diversa. Allora, perché si diventa hangry?

Beh, è tutta colpa dei drammi interni del tuo corpo. Quando non mangi da un po', il livello di zuccheri nel sangue cala, ed è allora che la situazione può diventare un po' turbolenta. Il cervello ha bisogno di zucchero – glucosio – per funzionare correttamente e, quando non riceve l'energia che desidera, invia un segnale per renderti, diciamo, una persona di non gradevolissima compagnia. Il tuo corpo rilascia ormoni dello stress come l'adrenalina e il cortisolo, che normalmente servono ad affrontare i pericoli, ma in questo caso ti rendono solo irritabile, perché il pericolo è la mancanza di cibo. E indovina un po'? Quel malumore che provi all'improvviso? È il modo in cui il tuo corpo ti spinge a trovare del cibo il prima possibile.

In pratica, il tuo cervello sta dicendo: *Ehi, ho una fame da lupi, e la cosa non mi piace per niente, quindi farò in modo che tu sia di cattivo umore finché non risolverai la situazione.* È come una piccola presa in ostaggio emotiva in cui solo il cibo può salvarti. Inoltre, la fame può ostacolare la tua capacità di pensare lucidamente, rendendo molto più difficile prendere decisioni quando sei hangry. Vuoi litigare con qualcuno? Sì, la fame rende molto più facile rispondergli male.

Quindi, la prossima volta che qualcuno passa dall'essere tranquillo al pensare «Sto per lanciare il telefono fuori dalla finestra perché ho fame», ricorda solo che essere hangry è un fenomeno reale, e che dipende tutto dal bisogno naturale di cibo del tuo corpo. Datti da mangiare e vedrai come tornerai a essere la persona di sempre!

21
PERCHÉ SBADIGLIAMO QUANDO LO FANNO GLI ALTRI?

Lo sbadiglio è un segnale universale che dice: *Sono stanco, annoiato, o forse sto solo cercando di far parte del gruppo.* Ma ecco la vera domanda: perché sbadigliamo sempre quando lo fa qualcun altro? Forse perché facciamo tutti parte, in segreto, di un qualche antico culto dello sbadiglio, o c'è sotto qualcos'altro?

Beh, a quanto pare lo sbadiglio è davvero *contagioso*, e non solo perché è un modo subdolo per attirare l'attenzione di chiunque ti stia intorno, anche se questo è un effetto collaterale niente male. Quando vediamo qualcuno sbadigliare, il nostro cervello reagisce imitando le sue azioni. È come una risposta automatica, simile a come potremmo sorridere quando sorride qualcun altro.

Gli scienziati lo chiamano *sbadiglio contagioso* e potrebbe avere tutto a che fare con i legami sociali. Già, hai letto bene: quando sbadigli in risposta a qualcun altro, il tuo cervello si sta connettendo al suo in un modo strano ma assolutamente umano. È come se fosse il modo unico del tuo cervello per dire: *Tranquillo, ti capisco, amico.*

Ma perché succede? La ricerca suggerisce che lo sbadiglio contagioso sia legato all'empatia. Quando vediamo qualcun altro sbadigliare, il nostro cervello lo riconosce e lo *sente*, come se stessimo condividendo la stessa emozione o stanchezza. Quindi, se un tuo amico sbadiglia, potresti pensare: *Ehi, sì, sono stanco anch'io. Sbadigliamo insieme e facciamone un lavoro di squadra.* In realtà è un segno che siamo in sintonia con le persone che ci circondano, il che è piuttosto forte, a pensarci bene.

E sì, è assolutamente contagioso. Probabilmente ti è già capitato: una persona sbadiglia e, nel giro di pochi secondi, l'intera stanza viene travolta da una gigantesca catena di sbadigli. È come un effetto domino di sbadigli a cui è impossibile sfuggire. La prossima volta che ti sorprenderai a sbadigliare dopo qualcun altro, ricorda: non è una coincidenza, è la magia del cervello sociale all'opera!

22
USCIRE CON I CAPELLI BAGNATI FA AMMALARE?

Il classico mito secondo cui i capelli bagnati fanno ammalare è una cosa che probabilmente ti sarai sentita dire da tua madre un sacco di volte mentre crescevi, no? «Non uscire con i capelli bagnati, che ti prendi un raffreddore!» È come un antico monito tramandato di generazione in generazione, ma c'è un fondo di verità? Si può davvero prendere il raffreddore solo uscendo con i capelli umidi?

Beh, la risposta breve è: «No.» Non ti prenderai un raffreddore solo perché esci con i capelli bagnati. I raffreddori sono causati da virus, in particolare dai rinovirus, non dal tempo o dal livello di umidità dei capelli. Quindi non sono i capelli bagnati a farti ammalare, ma è probabile che ti facciano sentire un po' infreddolita e a disagio.

Detto questo, anche se i capelli bagnati non causano direttamente la malattia, avere freddo e sentirsi a disagio potrebbe indebolire un po' il sistema immunitario, rendendoti più vulnerabile ai virus che sono già in circolazione. Se stai al freddo per molto tempo, tremando e sentendoti uno schifo, questo, in teoria, potrebbe offrire ai virus un modo più semplice per intrufolarsi. Ma non preoccuparti se stai solo facendo una corsa al negozio o andando a lezione con i capelli bagnati, il tuo sistema immunitario è probabilmente abbastanza forte da farcela.

Quindi, anche se è improbabile che ti svegli con il raffreddore per quella volta che sei uscita con i capelli bagnati, è comunque una buona idea asciugarli prima di uscire, se vuoi stare al caldo e comoda. E poi, non c'è niente di peggio che congelare con i capelli fradici in una giornata ventosa. Fidati, i tuoi capelli ti ringrazieranno.

23

SCROCCHIARSI LE NOCCHE FA MALE?

Quel famigerato scrocchio delle nocche, il suono che fa venire un mini-attacco di panico a chiunque ti stia intorno, come se stessero per assistere a una specie di antico rituale. Probabilmente ti avranno avvertito: «Smettila di scrocchiarti le nocche, che ti viene l'artrite!». Ma è davvero così, o è solo un'altra di quelle storie inventate per farti sentire in colpa e farti perdere il vizio?

Beh, la verità è che scrocchiarsi le nocche non causa l'artrite. Che sollievo, vero? Lo scrocchio che senti non è altro che il rumore di bolle d'aria che scoppiano nelle articolazioni quando le stiri. Non sono ossa che sfregano tra loro o cose inquietanti del genere. Il suono è innocuo e non ci sono prove scientifiche attendibili che scrocchiarsi le nocche porti all'artrite o a danni a lungo termine. Quindi, se vuoi, sentiti pure libero di continuare a scrocchiare!

Tuttavia, come per la maggior parte delle cose nella vita, c'è un piccolo avvertimento... Anche se scrocchiarsi le nocche potrebbe non causare l'artrite, può certamente portare ad altri problemi con cui non vorresti avere a che fare. Se ti scrocchi le nocche di frequente, potresti irritare i legamenti intorno alle articolazioni o causare un fastidio temporaneo. Se lo fai costantemente e in modo aggressivo, potresti addirittura ritrovarti con un po' di gonfiore o una diminuzione della forza nella presa. Quindi, se la tua abitudine di scrocchiarti le nocche sta diventando una specie di ossessione, potrebbe valere la pena di fare una pausa ogni tanto per dare alle tue mani un po' di meritato riposo.

Alla fine, scrocchiarsi le nocche è abbastanza innocuo, a patto che non faccia male o non ti causi alcun fastidio. Sii solo consapevole e ricorda: il problema non è il rumore, ma lo scrocchiare continuo che potrebbe portare a un po' di indolenzimento.

24
COSA CAUSA IL SINGHIOZZO E COME SI PUÒ FERMARLO?

Si potrebbe dire che il singhiozzo sia l'invitato meno gradito alle feste a sorpresa. Compare dal nulla, di solito nel momento meno opportuno, tipo nel bel mezzo di una lezione o mentre cerchi di fare colpo su qualcuno con la tua storia *estremamente importante*. Quindi, cosa succede quando il tuo corpo decide all'improvviso di iniziare a emettere quello strano *hic* ogni pochi secondi?

Il singhiozzo si verifica quando il diaframma, il muscolo situato proprio sotto i polmoni, ha uno spasmo improvviso. Questo muscolo di solito ti aiuta a inspirare ed espirare fluidamente, ma quando ha uno spasmo, fa chiudere di scatto le tue corde vocali e... boom! Ecco che arriva il classico *hic*. È come se il tuo corpo stesse organizzando una festicciola del singhiozzo senza invitarti. Nessuno sa esattamente perché succeda, ma potrebbe essere scatenato da fattori come mangiare troppo in fretta, bere bevande gassate o persino ridere a crepapelle. Ad alcune persone viene il singhiozzo anche quando sono stressate o nervose. In pratica, è come se il tuo corpo dicesse: «*Sorpresa! Adesso facciamo questa cosa a caso*».

Ma come si fa a fermarlo? Be', ci sono un sacco di *cure* bizzarre in giro: alcuni giurano di trattenere il respiro per qualche secondo, come se stessero per tuffarsi nell'avventura sottomarina più lunga del mondo. Poi ci sono altri che provano persino a bere l'acqua a testa in giù o a ingoiare cucchiaiate di burro d'arachidi. Non chiedermi perché, per alcuni funziona e basta. C'è anche chi crede che la chiave sia spaventarti, perché a quanto pare, «*niente ferma un singhiozzo meglio di uno shock improvviso*». Tuttavia, non c'è una cura che funzioni di sicuro per tutti. È un po' come un gioco del tipo: «*prova di tutto finché qualcosa finalmente non funziona!*».

Quindi, la prossima volta che ti ritrovi con un attacco di singhiozzo frenetico, ricorda solo questo: è il tuo corpo che fa cose strane, ma è innocuo. E magari, se ti senti coraggioso, prova qualcuno di quei trucchetti! Ma non sorprenderti se, a furia di provare a fermarlo, ti viene ancora più singhiozzo.

25

PERCHÉ A VOLTE CI SI SVEGLIA DI SOPRASSALTO PROPRIO PRIMA DI ADDORMENTARSI?

Ti è mai capitato quel momento in cui stai per sprofondare in un sonno beato e, all'improvviso, il tuo corpo decide di svegliarsi di soprassalto in modo *spasmodico*, come se fossi su un trampolino elastico? È come avere delle mini montagne russe personali che nessuno ha chiesto, e sembra capitare sempre nel momento peggiore. Ma cosa succede quando il tuo corpo ti dà una *sveglia a sorpresa* proprio prima che tu ti tuffi nel mondo dei sogni?

Questo movimento involontario è chiamato *sussulto ipnico*, *scatto mioclonico* o *falso avvio del sonno*, ed è del tutto normale, anche se piuttosto strano. Si verifica quando i muscoli del corpo iniziano a rilassarsi mentre ti addormenti ma, per qualche motivo, il tuo cervello va un po' nel panico, pensando che tu stia cadendo o perdendo il controllo. Così, invia una scossa attraverso il corpo per svegliarti, come se stessi per spiaccicare la faccia a terra. Il tuo cervello fa tipo: «*Ehi, un attimo, stiamo per cadere? Sveglia, soldato dormiglione!*»

La cosa affascinante è che nessuno sa veramente perché avvengano questi scatti, ma gli scienziati hanno alcune teorie. Una — già menzionata — è che quando i muscoli si rilassano, il cervello possa confondersi e pensare che tu stia effettivamente cadendo. Un'altra idea è che sia solo un riflesso residuo dei nostri antichi antenati, che avevano bisogno di svegliarsi rapidamente nel caso stessero per cadere da un albero o qualcosa del genere. Che pensiero strano: *i primi esseri umani che cercano di schiacciare un pisolino appollaiati sui rami!* Anche lo stress o l'ansia potrebbero far sì che questi scatti si verifichino più frequentemente. Quindi, se sei stressato per i compiti o per un esame importante, il tuo corpo potrebbe essere particolarmente incline a questi scatti mentre tenta di "spegnersi".

La buona notizia? Questi scatti sono del tutto innocui. Potrebbe sembrarti di avere un mini attacco di panico proprio prima di dormire, ma il tuo corpo vuole solo tenerti al sicuro; quindi, è come una piccola mossa del tipo «woah, oggi no» prima che tu ti metta troppo comodo.

Quindi, la prossima volta che ti capita uno di questi risvegli inaspettati, ricorda: il tuo corpo sta solo facendo il suo dovere, assicurandosi che tu non ti tuffi di faccia sul cuscino *senza un piano*.

26
CI SI PUÒ DAVVERO DIMENTICARE COME SI CAMMINA?

A meno che tu non sia uno dei primissimi robot bipedi, è improbabile che ti dimentichi come si cammina. Per fortuna, negli esseri umani, una volta imparato, il cervello archivia quell'abilità come una playlist preferita in riproduzione automatica. Diventa un automatismo, come andare in bicicletta o sapere esattamente dove sono le merendine.

La parte del cervello che mantiene la camminata fluida e stabile si chiama cervelletto, ed è responsabile dell'equilibrio e della coordinazione. Quindi, anche se sei mezzo addormentato e ti trascini fino al frigo alle 2 del mattino, il tuo corpo sa istintivamente cosa deve fare, senza doverci pensare più di tanto.

Ma c'è un però: anche se la maggior parte delle persone non *dimentica* così facilmente come si cammina, ci sono stati rari casi in cui qualcuno ha perso all'improvviso questa capacità senza essersi fatto male. Si chiama Disturbo Neurologico Funzionale (DNF), ed è come se il cervello schiacciasse il tasto pausa, non perché si sia rotto, ma perché è sovraccarico o confuso. Può succedere durante periodi di forte stress o ansia, e rende il movimento davvero difficile. Quando accade, le gambe smettono di collaborare, l'equilibrio può vacillare un po' e si potrebbe persino cadere. Non è una finzione, e di solito è una condizione temporanea, ma è assolutamente reale.

E poi ci sono quei goffi momenti di tutti i giorni, come quando ti si addormenta un piede o inciampi nel nulla senza motivo. Il cervello sa ancora come camminare; è solo il corpo che cerca di rimettersi al passo. Questo non è dimenticare, è essere perfettamente umani.

27

POSSONO GLI ESSERI UMANI SOPRAVVIVERE SENZA DORMIRE?

Sonno: l'unica cosa di cui un sacco di gente ama lamentarsi perché non ne ha mai abbastanza. Ma gli esseri umani possono davvero sopravvivere senza? Possiamo semplicemente attivare la modalità *niente sonno* e affrontare la vita a tutta birra, come se fossimo supereroi in missione? Spoiler: *proprio no*. Gli esseri umani non sono fatti per questo genere di bravate.

Il sonno è come il pulsante di reset personale del tuo corpo. È il momento in cui cervello e corpo hanno il tempo di rica-ricarsi, fare pulizia e prepararsi ad affrontare un nuovo giorno. Senza sonno, le cose si mettono *male* molto in fretta. Infatti, se provi a stare senza dormire troppo a lungo, inizierai a sentirti come se stessi vivendo in un incubo a occhi aperti. La prima cosa che succede è che il cervello inizia ad andare in pappa. È come cercare di usare il telefono con l'uno per cento di batteria: funzionerà per un po', ma alla fine andrà in tilt.

Dopo appena un paio di giorni senza dormire, probabilmente ti sentirai più smemorato, avrai difficoltà a concentrarti e potresti iniziare a vedere cose che non esistono affatto. Già, le allucinazioni. È come se il tuo cervello cominciasse a svalvolare un po' senza quel dolce, dolce sonno REM. E, come probabilmente puoi immaginare, senza dormire anche il tuo sistema immunitario va a farsi benedire, il che rende più probabile che tu ti ammali.

Ora, le cattive notizie non finiscono qui. La privazione del sonno a lungo termine può scombussolare il metabolismo e portare a problemi come aumento di peso, livelli di stress più alti e persino a gravi patologie come le malattie cardiache. Quindi, anche se fare una nottata in bianco per finire i compiti all'ultimo minuto può sembrarti una medaglia al valore, in realtà ti sta facendo molto più male che bene.

Quindi, ora sai che gli esseri umani non possono sopravvivere senza dormire e non dovrebbero nemmeno provarci. Certo, possiamo resistere per qualche giorno, ma non è un bello spettacolo. Perciò, la prossima volta che pensi di saltare le ore di sonno per stare alzato fino a tardi a scrollare su TikTok o a studiare, ricorda solo questo: il tuo corpo e il tuo cervello ti faranno capire che è arrivato il momento di concedersi un po' di meritato riposo.

PARTE III
CURIOSITÀ E FALSI MITI SUL CIBO

28

MANGIARE UN SACCO DI CAROTE PUÒ MIGLIORARE LA VISTA?

Ti hanno mai detto di mangiare le carote per vederci meglio? Beh, non è esattamente così che funziona. Le carote fanno bene, ma non ti daranno la visione notturna né ti trasformeranno in una specie di supereroe.

In realtà, tutta questa storia è nata durante la Seconda guerra mondiale. I piloti britannici usavano i radar per individuare gli aerei nemici di notte, ma per mantenere il segreto, i militari diffusero la voce che fosse solo perché mangiavano un sacco di carote. La gente ci credette e, all'improvviso, tutti pensarono che le carote fossero magiche per la vista.

Ora, le carote sono estremamente sane e ricche di vitamina A, che aiuta a mantenere gli occhi in buono stato. Se hai una forte carenza di vitamina A, la tua vista può peggiorare, specialmente al buio. Quindi, anche se le carote aiutano, non ti permetteranno di vedere attraverso i muri o di trovare il telecomando più in fretta.

Invece di fare un'abbuffata di carote, se vuoi davvero prenderti cura dei tuoi occhi, non passare ore incollato a uno schermo, cerca di non leggere con una luce scarsa e magari non sederti a cinque centimetri dalla TV. A quanto pare, a volte i genitori hanno ragione. Inoltre, varia un po': anche le verdure a foglia verde, le uova e il pesce fanno benissimo agli occhi.

Quindi sì, le carote fanno bene, ma non sono una cura miracolosa per avere dieci decimi. Mangiale perché sono buone, non perché speri di vederci al buio come i gatti.

29

SE INGOIATA, LA GOMMA DA MASTICARE RIMANE NELLO STOMACO PER SETTE ANNI?

È probabile che abbiate sentito il monito: «Non ingoiare la gomma! Ti rimarrà appiccicata nello stomaco per sette anni!». Sembra terrificante, e forse vi state già immaginando le vostre viscere trasformarsi in un cimitero di Big Babol. Ma tranquilli, non c'è davvero di che preoccuparsi. È solo una leggenda metropolitana. Il vostro stomaco non diventerà un museo della gomma da masticare, e non vi sveglierete un giorno pieni di vecchi pezzi masticati come un distributore di gomme ambulante.

La gomma è fatta di una base gommosa che il vostro corpo non riesce a scomporre come fa con il cibo normale. Tuttavia, ciò non significa che metta le tende nel vostro stomaco per quasi un decennio. Il vostro apparato digerente è una macchina ben oliata, e tutto ciò che non riesce a digerire, come gomme da masticare, chicchi di mais e quel pezzo di LEGO che il vostro cuginetto ha mangiato, continua semplicemente a farsi strada finché — be', avete indovinato — non esce dall'altra parte.

Ora, prima che cominciate a ingoiare tutta la vostra scorta di gomme, parliamoci chiaro: ingoiarne troppe tutte insieme può causare un blocco intestinale. Il fastidio e il possibile dolore potrebbero spingere i vostri genitori a portarvi al pronto soccorso, e chissà cosa succederebbe dopo; una cosa che non vi piacerebbe affatto.

Potete vederla un po' come un ingorgo stradale, uno di quelli che non si crea nell'ora di punta, ma nel vostro intestino. È raro, ma è successo e, credetemi, non volete essere voi a doverlo spiegare a un dottore. Quindi, anche se un solo pezzo non vi trasformerà in un dispenser di PEZ umano, è comunque meglio sputarlo nella spazzatura... Sì, avete sentito bene... nella spazzatura... *non* sotto il banco, *non* sul marciapiede e decisamente *non* sulla scarpa del vostro amico. Fidatevi, il vostro apparato digerente e le scarpe da ginnastica degli altri vi ringrazieranno!

30
PERCHÉ I CAPELLI DIVENTANO GRIGI?

Ti è mai capitato di notare i capelli grigi su una persona anziana e di pensare: *Caspita, ma come è possibile?* Magari l'ultima volta che hai visto quella persona i suoi capelli erano del loro colore solito e poi, la volta dopo, sembravano aver perso una battaglia contro il tempo o contro un barattolo di vernice. Non c'è da preoccuparsi più di tanto. Anche se sarebbe una figata se lo fosse, i capelli grigi non sono un segno che stai sbloccando un'antica saggezza. È solo il modo che ha il tuo corpo di farti sapere che ha deciso di mandare in pensione il suo colore naturale.

Ecco come funziona il colore dei tuoi capelli: i capelli ottengono il loro colore dalla melanina, lo stesso pigmento che dà alla tua pelle la sua sfumatura. Ma invecchiando, le cellule che producono melanina nei follicoli piliferi iniziano a battere la fiacca, un po' come la batteria di un telefono che non dura più come una volta. Meno melanina significa meno colore e, alla fine, i capelli diventano grigi, argentati o addirittura bianchi. Se i tuoi genitori o nonni sono diventati grigi presto, ci sono buone probabilità che capiti anche a te. Spiacente, su questo non si accettano resi. E anche se lo stress può accelerare un po' le cose, prendere un'insufficienza in matematica o dimenticare il compleanno del tuo migliore amico non ti farà diventare i capelli grigi dalla sera alla mattina.

La buona notizia? Avere i capelli grigi è del tutto normale e un sacco di persone riescono a sfoggiare questo look con stile. E poi, almeno non diventeranno verdi... a meno che tu non esageri con il cloro. In quel caso... be', quello è tutto un altro problema!

31

SI PUÒ DAVVERO DIVENTARE DIPENDENTI DAL CIOCCOLATO?

Che tu ami il cioccolato, preferisca qualcos'altro o semplicemente non te ne importi nulla, ti sei mai chiesto se è davvero possibile diventarne dipendente? È possibile desiderarlo così tanto che non mangiarne un pezzetto ti manderebbe completamente in tilt? Beh, buone notizie: probabilmente non ne sei *tecnicamente* dipendente. Tuttavia, ciò non significa che non sia difficile resistere al cioccolato quando hai voglia di qualcosa di dolce.

Il cioccolato contiene un mix di zuccheri, grassi e un po' di caffeina: tutte cose che possono dare una bella sensazione al cervello. Contiene anche una sostanza chiamata teobromina, che fornisce una piccola carica di energia. Quando lo mangi, il tuo meraviglioso cervello si mette al lavoro e rilascia dopamina, quelle sostanze chimiche *del buonumore* che possono farti sentire coccolato e felice. Quindi, è logico che il cioccolato possa essere una tentazione, specialmente quando hai voglia di uno sfizio.

Ma dipendente? Non proprio, anche se una persona può avere la sensazione di poterlo diventare. A differenza di altre sostanze che creano dipendenza fisica, la voglia di cioccolato è più una questione di abitudine e del piacere di mangiare qualcosa di gustoso che soddisfa le papille gustative. Il tuo cervello adora quella ricompensa e, diciamocelo, a chi non piace sentirsi bene dopo uno spuntino?

Se ti ritrovi a prendere una barretta di cioccolato ogni singolo giorno, prova magari a variare un po' con altri snack. Nessun giudizio, eh... tutti hanno il loro spuntino preferito. Ricorda solo questo: godersi il cioccolato non significa essere dipendenti... a meno che tu non inizi a mandare lettere d'amore a una barretta di Hershey's. In quel caso, forse è meglio se ne parliamo un po'!

32

MA CHE ROBA È LA LANUGINE DELL'OMBELICO?

La lanugine dell'ombelico... esatto, quella strana palletta di pelucchi che sembra spuntare dal nulla, come se avesse una vita segreta tutta sua. Ti sei mai chiesto cosa succede veramente lì dentro? Beh, tieniti forte: in pratica è un mix di minuscole fibre di tessuto, cellule morte della pelle e qualsiasi altra cosa il tuo ombelico decida di raccogliere durante il giorno.

La maggior parte della lanugine proviene dai tuoi vestiti, soprattutto se indossi tessuti pelosi o scuri. Mentre la maglietta sfrega contro la pelle, dei fili sottilissimi si staccano e in qualche modo finiscono nell'ombelico, come se fossero in missione segreta. Aggiungici un po' di sudore e qualche cellula della pelle... e boom, ecco pronta una nuova scorta di lanugine.

Ecco una curiosità: le persone più pelose tendono ad accumulare più lanugine nell'ombelico. Ma perché? Beh, i peli sulla pancia funzionano come un imbuto, incanalando tutti quei pelucchi dritti nell'ombelico, quasi come un vortice di fibre. Fortunati loro, eh?

La buona notizia è che la lanugine dell'ombelico è assolutamente innocua, a meno che tu non la raccolga per... be', per ragioni che lasceremo inesplorate. Se ti fa completamente *schifo*, ti basta pulire l'ombelico regolarmente e non avrai lanugine per un po'. Ma c'è un ma: non importa quanto pulisci, in qualche modo, la lanugine trova sempre il modo di tornare. È come un trucco di magia a cui non puoi sfuggire.

33
IL CAFFÈ BLOCCA DAVVERO LA CRESCITA?

I tuoi genitori ti hanno mai detto che bere caffè potrebbe bloccare la tua crescita? Basta un sorso di troppo e... boom!... puoi dire addio al tuo scatto di crescita. Invece è solo un'altra leggenda metropolitana. Il caffè non ti fa rimpicciolire né elimina le tue possibilità di raggiungere il tuo massimo potenziale di altezza.

Questa diceria è nata molto tempo fa, quando si credeva che la caffeina indebolisse le ossa e arrestasse la crescita. Ma la verità è che la scienza dice il contrario: il caffè non influisce sulla tua altezza. Gli unici fattori che possono determinare esattamente quanto diventerai alto sono quelli genetici. Quindi, se hai un bel po' di persone alte in famiglia, congratulazioni: probabilmente sei sulla buona strada per diventare uno di loro. Questo è un vantaggio non da poco nella vita, specialmente quando cerchi di raggiungere oggetti in posti alti.

È importante ricordare che, sebbene il caffè non blocchi la crescita, contiene caffeina, e assumerne troppa può interferire con il sonno. Il sonno è fondamentale per un corpo in crescita, perché è proprio in quel momento che il tuo organismo si ripara e si sviluppa. Se bevi caffè e stai sveglio fino a tardi ogni sera, potresti sentirti fiacco il giorno dopo o, peggio, diventare scontroso perché sei a corto di energie.

Quindi, se ami l'aroma e il sapore del caffè ma ti preoccupi per la tua altezza, stai tranquillo: non c'è problema. Ricorda solo che probabilmente è meglio evitare di scolare caffè come se fossi un impiegato stressato. Avrai un sacco di tempo per farlo più avanti nella vita, quando sarai un po' più alto e tollererai meglio la caffeina!

34

PERCHÉ LE CIPOLLE FANNO PIANGERE?

Tagliare le cipolle può farti sentire come se fossi finito dritto dentro la scena di un film strappalacrime. Un attimo prima stai affettando tranquillamente e quello dopo, bam! Le lacrime ti rigano il viso come se fossi nel bel mezzo della scena più triste di sempre. Ma non ti preoccupare, le cipolle non ce l'hanno con te. Hanno semplicemente un meccanismo di difesa integrato che ha un modo tutto suo di prendere di mira i tuoi occhi.

Ma quindi, cosa succede esattamente? Beh, quando tagli una cipolla, in pratica stai rompendo le sue cellule, che a loro volta rilasciano un'infinità di sostanze chimiche nell'aria. Una di queste è il sin-propanetial-S-ossido. Ah, e buona fortuna a provare a dirlo cinque volte di fila, super velocemente.

Il sin-propanetial-S-ossido si trasforma in un gas che sale e arriva dritto ai tuoi occhi. Il tuo corpo, pensando di essere sotto attacco, inizia a produrre lacrime a più non posso per lavare via la sostanza irritante. E così, in un attimo, la tua cucina diventa il set di un film strappalacrime.

Probabilmente la cipolla vuole solo proteggersi dall'essere mangiata e, sfortunatamente, il bersaglio sei tu. Ma niente panico, puoi assolutamente contrattaccare! Mettere la cipolla in frigo prima di tagliarla può rallentare la reazione chimica, riducendo la probabilità che quelle lacrime facciano la loro comparsa plateale. In alternativa, se ti senti particolarmente furbo, prova a tagliare la cipolla sotto l'acqua corrente per tenere il gas irritante lontano dagli occhi.

Oppure, ehi, puoi sempre cavalcare l'onda drammatica e lasciare che tutti credano che sei solo *super* emotivo per il pasto che stai preparando. «Oh, sto bene... è solo colpa di queste cipolle!»

35
QUAL È STATO IL SUONO PIÙ ASSORDANTE DELLA STORIA?

Ok, tutti conosciamo qualcuno un po' rumoroso. Magari un fratello o una sorella che urla da una stanza all'altra, o un amico che ride come una sirena da nebbia. E anche se a volte potreste pensare il contrario, nessuno di loro si avvicina neanche lontanamente a superare il suono più forte mai registrato nella storia.

Il suono più forte mai registrato nella storia è stato prodotto da un vulcano. Sì, avete letto bene. La natura ci ha surclassati. Nel 1883, in Indonesia, un vulcano di nome Krakatoa è esploso. E quando diciamo esploso, non intendiamo un semplice «boom». È detonato con una forza tale che è stato udito da persone a 3.000 miglia di distanza. È come sentire un'esplosione a Londra mentre ve ne state tranquilli a New York.

Si stima che il suono abbia raggiunto circa 310 dB. Le orecchie della maggior parte delle persone iniziano a far male intorno ai 120 dB, quando si supera la soglia del dolore. Il boato del Krakatoa è stato così forte che si pensa abbia rotto i timpani delle persone a 40 miglia di distanza e fatto tremare l'atmosfera. Gli scienziati dicono che l'onda di pressione generata dall'eruzione fece quattro volte il giro del pianeta.

Ora, passiamo alla parte seria: l'eruzione del Krakatoa causò tsunami giganteschi, distrusse villaggi e provocò la morte di più di 36.000 persone. Quindi sì, anche se detiene il record per il suono più forte, ci ricorda anche quanto sia potente la natura. È uno di quegli eventi affascinanti e strazianti allo stesso tempo.

Tuttavia, se parliamo solo del suono, è stato così forte che, se il suono avesse potuto viaggiare nello spazio, gli alieni avrebbero invertito la rotta delle loro astronavi dicendo: «No. Oggi no». Aspetta, cosa? Il suono non può viaggiare nello spazio? Esatto!

Il suono ha bisogno di qualcosa attraverso cui muoversi, come l'aria, l'acqua o anche i solidi. Lo spazio è privo di tutto ciò, quindi il suono non può andare da nessuna parte. Se il Krakatoa fosse esploso sulla Luna? Silenzio totale. La lava sarebbe schizzata comunque dappertutto, ma nessuno avrebbe sentito assolutamente niente.

PARTE IV
IL CERVELLO E L'INSPIEGABILE

36
IL DÉJÀ VU È UN BUG DEL CERVELLO O UNA SBIRCIATINA IN UN UNIVERSO PARALLELO?

Il déjà vu è «la sensazione di aver già vissuto un momento, anche se sei sicuro al 100% che non sia così». È come se il tuo cervello avesse un piccolo bug, portandoti a pensare di rivivere qualcosa che in realtà sta accadendo per la prima volta. Un attimo prima stai mangiando un panino a lezione e un attimo dopo, dal nulla, provi questa strana sensazione: «*Aspetta, ho decisamente già vissuto questa identica situazione. Con tanto di panino*».

Quindi, cosa succede veramente? Secondo gli scienziati, il déjà vu si verifica quando i sistemi mnemonici del cervello vanno un po' fuori sincrono. La nostra elaborazione dei ricordi è suddivisa in sistemi a breve e a lungo termine. Si ritiene che il déjà vu possa verificarsi quando il cervello elabora qualcosa di nuovo come se fosse un ricordo, creando una sensazione di familiarità che non dovrebbe esserci. È come quando il tuo cervello subisce un ritardo nell'elaborare la situazione presente; quando si riallinea, la registra erroneamente come qualcosa che è già accaduto in passato.

Un'altra teoria suggerisce che il déjà vu si verifichi quando il cervello rileva una somiglianza tra ciò che sta accadendo nel presente e un ricordo che non richiami consciamente. Potrebbe essere un odore, una scena o persino una sensazione particolare a innescare questo falso senso di familiarità, inducendo il cervello a pensare: «*Qui ci sono già stato*».

Anche se rimane in parte un mistero, il fatto che il déjà vu sembri verificarsi quando il cervello elabora le informazioni in modo asincrono suggerisce che si tratti più di un intoppo nell'elaborazione della memoria piuttosto che di un'esperienza veramente mistica. Quindi, la prossima volta che ti colpirà un déjà vu, potrai sorridere e pensare: «*Il mio cervello sta solo sforzando un po' troppo i muscoli della memoria in questo momento*».

37
PERCHÉ VEDIAMO DEI VOLTI NELLE NUVOLE?

Ti è mai capitato di fissare una nuvola e pensare all'improvviso: *È un volto quello che mi sta fissando?* È quasi come se la nuvola avesse un segreto da svelare, o forse stesse cercando di inviarti un messaggio. Ma non preoccuparti: non è un segno mistico o un'entità nascosta che cerca di mettersi in contatto con te, è solo il tuo cervello che fa ciò che gli riesce meglio!

Questo fenomeno è chiamato pareidolia, che è un parolone per indicare la tendenza naturale del cervello a riconoscere schemi in oggetti casuali. È il motivo per cui potresti vedere un volto in una roccia, su una fetta di pane tostato o persino in una tazza di caffè rovesciata. I volti sono importanti per la comunicazione umana, quindi, con il tempo, il tuo cervello è diventato bravissimo a individuarli, anche quando non ci sono.

Le nuvole sono composte da minuscole goccioline d'acqua o da cristalli di ghiaccio, e le loro forme sono influenzate da fattori come il movimento dell'aria, la densità e la temperatura, quindi sono per natura irregolari e hanno ogni tipo di forma casuale. Se alcune di queste forme assomigliano vagamente a occhi, un naso o una bocca, il tuo cervello entra in azione e riempie il resto con la fantasia. In men che non si dica, quella nuvola amorfa si trasforma nella tua mente in un volto ben definito, e il tuo cervello fa tipo: *Sì, è decisamente un volto*. È quasi come se il tuo cervello non potesse resistere al gioco di *Cosa vedi veramente?*

Quindi, la prossima volta che noti una nuvola che sembra sorriderti, ricorda solo una cosa: potrebbe non essere un messaggio dall'universo, è solo il tuo cervello che fa quello che deve. E se per caso quella nuvola assomiglia a una celebrità, be', perché non farci due chiacchiere?

38
PERCHÉ CERTE PERSONE RICORDANO FATTI APPARENTEMENTE INUTILI COME SE FOSSE UN SUPERPOTERE?

Allora, stai parlando con qualcuno che con noncuranza snocciola un'informazione bizzarra, come il numero esatto dei gusti delle caramelle Jelly Belly o l'anno di nascita di Napoleone, e ti ritrovi a pensare: *Ma come diavolo fanno a ricordarselo?* È come se il loro cervello fosse uno scrigno pieno di nozioni casuali, pronto per essere aperto nei momenti più inaspettati.

Allora, come mai? Beh, a quanto pare certe persone sono naturalmente predisposte a immagazzinare e ricordare informazioni non necessariamente *utili* ma che, ammettiamolo, sono incredibilmente interessanti. I loro cervelli sono come degli schedari super efficienti, pieni di fatti e dettagli bizzarri organizzati alla perfezione. Questa abilità deriva dal modo in cui funziona il loro sistema mnemonico, che permette loro di codificare e recuperare nozioni con estrema facilità. Immaginala come una collezione mentale di conoscenze stravaganti che semplicemente... è lì.

Un'altra teoria è che gli appassionati di curiosità abbiano una profonda passione per l'apprendimento. Sono costantemente curiosi, sempre a caccia di nuove informazioni, e provano una grande gioia nello scoprire aneddoti casuali, anche se non li useranno mai nella vita reale. È come avere un'enciclopedia di fatti divertenti per puro diletto.

Quindi, mentre tu potresti dimenticare cosa hai mangiato a cena la settimana scorsa, quel campione di Trivial sarà in grado di ricordare ogni singolo dettaglio sulla storia degli elastici. Certo, potrebbe non essere d'aiuto in una situazione di sopravvivenza, ma di sicuro rende indimenticabile una serata di giochi a quiz! Questa abilità unica dovrebbe essere celebrata: non si tratta solo di nozioni casuali, ma del riflesso di un cervello che prospera grazie a curiosità, conoscenza e divertimento.

39
PERCHÉ NON TUTTI HANNO UNA MEMORIA FOTOGRAFICA?

Davvero conosci qualcuno in grado di ricordare ogni minimo dettaglio di una stanza in cui è stato anni fa o di descrivere la scena di un film come se fosse successa ieri? E intanto tu sei lì che cerchi di ricordare dove hai lasciato il tuo libro preferito cinque minuti fa. Che succede?

A quanto pare, alcune persone sono semplicemente più portate per natura a trasformare le loro esperienze in ricordi vividi, quasi *fotografici*. Questa abilità, nota come memoria eidetica, permette loro di richiamare alla mente immagini, suoni e particolari con una precisione notevole, quasi come se sfogliassero un album di foto mentali. La realtà è che la vera memoria fotografica è piuttosto rara. Quella che molti di noi percepiscono come una memoria perfetta è in realtà un mix di straordinarie tecniche di memorizzazione e un cervello particolarmente predisposto ai dettagli visivi.

Perché succede questo? In parte è una questione genetica: alcuni cervelli sono naturalmente più abili a immagazzinare e recuperare immagini. Tuttavia, anche l'attenzione, la concentrazione e l'impegno che mettiamo nel ricordare le cose giocano un ruolo fondamentale. Se sei una persona che nota con costanza i piccoli dettagli che ti circondano, è più probabile che il tuo cervello li ricordi. Prova a pensare al tuo cervello come a una macchina fotografica che deve essere impostata correttamente per catturare l'immagine.

Se non hai la fortuna di possedere questa *macchina fotografica mentale*, non fartene un problema. Puoi comunque allenare la tua memoria a essere più acuta: basta solo un po' più di concentrazione, di pratica e magari qualche piccolo aiuto, come le flashcard. No, non ce ne andiamo tutti in giro con una memoria perfetta, ma ricordare dove hai lasciato il telefono o i libri? Già questa è una vittoria!

40
QUAL È LA COSA PIÙ BIZZARRA MAI TROVATA IN UN CORPO UMANO?

Tenetevi forte: questa storia è un'altalena di emozioni. Nel corso degli anni, i medici hanno scoperto cose davvero bizzarre all'interno di corpi umani, cose che vi faranno rabbrividire, ridere e domandare come diavolo ci siano finite.

Una delle scoperte più scioccanti? Una spugna chirurgica dimenticata per errore nel corpo di un paziente dopo un intervento. Ebbene sì, un'intera spugna è rimasta lì per anni, causando dolore in silenzio, senza che la persona se ne rendesse conto. È stato solo quando questa si è sottoposta a un'altra operazione che i medici l'hanno trovata. Riuscite a immaginare la loro sorpresa quando è saltata fuori? Sono sicuro che avranno detto qualcosa tipo: «Beh, questo non doveva succedere».

Ma questo è solo l'inizio... Ce ne sono altre! Ci sono stati casi di persone che hanno ingoiato accidentalmente ogni sorta di cosa, da palle di peli a monete, fino addirittura a spazzolini da denti. Un uomo si è ritrovato con un'intera lametta incastrata nell'apparato digerente e no, non so neanche io come sia successo. Ma quella persona è stata una delle poche sfortunate, perché è stato dimostrato che gli acidi dello stomaco possono sciogliere le lamette. Spoiler: per favore, non provateci!

E poi c'è stata la donna che si è svegliata e ha scoperto di avere uno scarafaggio vivo nel condotto uditivo. I medici hanno ipotizzato che l'insetto le fosse entrato nell'orecchio mentre dormiva. Decisamente non il tipo di sorpresa con cui chiunque vorrebbe svegliarsi.

Fortunatamente, questi incidenti sono rari, ma dimostrano quanto la vita possa essere imprevedibile e strana. Immagino si possa dire che il corpo umano può essere come un bizzarro scrigno pieno di stranezze. Ma per favore, limitiamoci al cibo ed evitiamo oggetti appuntiti come le lamette.

41
QUALI STRANE CONDIZIONI MEDICHE SONO STATE REGISTRATE?

Il corpo umano riserva delle sorprese davvero incredibili: alcune condizioni sono così insolite da farti chiedere se non stai vivendo in un film di fantascienza. Esistono molte patologie strane, ma in questo capitolo ne esamineremo tre in particolare.

1. La prima è l'ipertricosi: è una condizione talvolta chiamata *sindrome del lupo mannaro*. Provoca una crescita eccessiva di peli su tutto il corpo: braccia, gambe e persino il viso. Immagina di avere la barba, peli sulle braccia e anche sulla schiena, sempre! È rara, ma è stata documentata nel corso della storia e spesso viene tramandata in famiglia. Potrà sembrare strano, ma le persone affette da ipertricosi affrontano sfide reali, tra cui lo stigma sociale e la necessità di cure costanti.
2. Poi c'è la sindrome di Cotard, una condizione in cui le persone credono di essere morte o di aver perso organi vitali. Potrebbe sembrare una cosa da film dell'orrore, ma è una grave condizione psicologica.

Chi ne soffre prova un'angoscia profonda, credendo di non essere più in vita, il che può rendere la vita quotidiana estremamente difficile.
3. E non dimentichiamoci di chi non può provare dolore. No, non è una specie di superpotere; è una condizione chiamata Insensibilità Cognitiva al Dolore (CIP), in cui le persone non provano alcun dolore fisico. Anche se potrebbe sembrare un dono, in realtà è piuttosto pericoloso, poiché il dolore ci aiuta a proteggerci dalle ferite. Senza di esso, un semplice taglio potrebbe passare inosservato, mettendo una persona a rischio di gravi danni.

Il corpo umano ha certamente le sue stranezze. Queste rare condizioni ci ricordano che dietro a queste bizzarrie mediche ci sono persone vere che affrontano ogni giorno sfide uniche.

42

PERCHÉ SENTIAMO ODORI CHE NON CI SONO?

Ti sarà capitato di entrare in una stanza, sentire un certo profumino e pensare: «*Mmm, popcorn appena fatto!*», per poi guardarti intorno e non trovarne neanche l'ombra. O magari senti un sentore di rose, ma non c'è neanche un fiore nei paraggi. Benvenuto nello strano mondo della *fantosmia*, dove il tuo naso decide di prenderti in giro inviando odori fantasma dritti al tuo cervello.

Ma allora, perché succede? Il nostro naso è incredibilmente bravo a rilevare gli odori e a inviarli al cervello. A volte, però, per ragioni che non comprendiamo ancora del tutto, qualcosa può andare in tilt. Potrebbe essere un *glitch* nel segnale o semplicemente un olfatto iperattivo che fa credere al cervello di sentire qualcosa che in realtà non c'è. È come se l'app «rilevatore di odori» del tuo cervello impazzisse all'improvviso, inviandoti *suggerimenti di odori* a caso.

Ci sono diverse ragioni per cui questo può accadere. Potrebbe essere una cosa semplice come un raffreddore, un'allergia o una sinusite che scombussolano il tuo olfatto. Altre volte, è legato allo stress o persino a problemi neurologici. Ma nella maggior parte dei casi, è un fenomeno innocuo e solo un'altra delle stranezze del nostro corpo.

Quindi, la prossima volta che sei convinto di sentire un odore venuto dal nulla, fai un respiro profondo e ridici su. È solo il tuo cervello che sta facendo un bizzarro gioco a *Indovina che odore è?* e, dopotutto, l'unica cosa che è davvero *andata a male* è il tuo olfatto!

43

SI PUÒ SENTIRE IL SILENZIO?

Si può sentire il silenzio? Potrebbe sembrare una frase uscita da un film di quelli che ti fondono il cervello, ma ecco il trucco: tecnicamente no, non puoi sentire il silenzio perché è l'assenza di suono. Tuttavia, prima che tu inizi a pensare di stare perdendo il contatto con la realtà, analizziamo la questione.

Quando ti trovi in uno spazio incredibilmente silenzioso — pensa alle stanze insonorizzate. Sì, esistono, e sono un po' surreali — potresti iniziare a notare qualcosa di strano: i suoni del tuo stesso corpo. Il battito del cuore, il respiro e persino il rumore del sangue che scorre nelle orecchie. È come se il tuo cervello facesse ancora gli straordinari per elaborare i suoni, anche quando il mondo esterno è silenzioso. Quindi, anche se sembra silenzio, in realtà stai sentendo il tuo corpo che fa le sue cose.

In casi estremi, come in un vuoto sonoro quasi totale, alcune persone hanno riferito di sentire rumori strani e apparentemente casuali o di avere la sensazione di essere entrate in una dimensione completamente diversa. Può anche essere un po' inquietante o disorientante, come se il silenzio stesso ti stesse giocando un brutto scherzo. È quasi come se, a forza di ascoltare attentamente il nulla, la tua mente iniziasse a creare i propri suoni.

Quindi, si può davvero sentire il silenzio? Non esattamente, ma puoi sperimentarlo, e potrebbe rivelarsi un'esperienza molto più strana di quanto ti aspetteresti!

44

QUAL È LA SPIEGAZIONE SCIENTIFICA DEL GELO AL CERVELLO? E PUÒ FARTI DEL MALE?

Hai presente quella sensazione quando dai un morso a qualcosa di freddo, come un gelato o una granita, e all'improvviso ti sembra che il cervello faccia le capriole dentro al cranio? Che sta succedendo? Il tuo cervello sta forse andando in cortocircuito? O è una punizione cosmica perché ti stai gustando un altro dolcetto?

Niente paura, non è il cervello che ha un malfunzionamento; in realtà si chiama *ganglioneuralgia sfenopalatina* (Brusie, 2016). Sì, è un parolone, a dir poco, ma non lasciarti spaventare! Quello che succede non è neanche lontanamente spaventoso come potrebbe sembrare.

Ecco cosa succede: quando qualcosa di molto freddo tocca il palato, scombussola l'afflusso di sangue al cervello. I vasi sanguigni si restringono e poi si dilatano rapidamente, il che provoca un dolore acuto. È il modo tutto particolare del tuo cervello di dire: *Ehi, vacci piano con quella roba fredda!*

Quindi, perché succede? Be', forse non lo sai, ma il palato è collegato ai recettori del dolore che si trovano nella testa. Incredibile, vero? Quando si raffredda, il tuo cervello va in confusione e diffonde il dolore a tutta la testa. È un po' come cercare di risolvere un grande mistero senza avere indizi.

La buona notizia? Il gelo al cervello è innocuo, è solo un momento rapido e fastidioso. Per evitarlo, prova a mangiare bocconi più piccoli o lascia che il tuo dolcetto freddo si scaldi un po' prima di gustartelo. Ma se capita, non farci caso; dopotutto, è un piccolo prezzo da pagare per la dolce gioia di un gelato!

PARTE V
BIZZARRI FENOMENI NATURALI

45

I PESCI POSSONO PIOVERE DAL CIELO?

Allora, forse avrai sentito storie di pesci che cadono dal cielo. Sembra una scena da un film di fantascienza o un bizzarro bollettino meteorologico, vero? Ma aspetta un attimo. Che tu ci creda o no, succede davvero, anche se non nel modo in cui potresti immaginare.

Questo raro evento, noto come *pioggia di pesci*, si verifica «quando piccole creature acquatiche, come pesci o rane, vengono risucchiate da violente tempeste per poi ricadere a terra». Ma non preoccuparti, non è un segno dell'apocalisse. C'è una spiegazione del tutto logica, anche se comunque piuttosto bizzarra.

La causa più comune della pioggia di pesci è un fenomeno meteorologico chiamato tromba marina. *Le trombe marine* sono «colonne d'aria rotanti simili a tornado che si formano sull'acqua». Quando diventano abbastanza forti, possono risucchiare oggetti leggeri, inclusi i pesci, mentre passano sopra laghi, fiumi o oceani. Questi pesci vengono trasportati in alto nell'aria, percorrendo a volte chilometri, prima di ricadere infine a terra quando la tempesta perde la sua forza.

Le testimonianze di piogge di pesci risalgono a secoli fa e sono state documentate in varie parti del mondo, incluso l'Honduras, dove un evento annuale chiamato *Lluvia de Peces* — Pioggia di Pesci — viene segnalato da oltre 100 anni. Incredibile, vero?

Quindi, anche se può sembrare una scena tratta da un grande romanzo fantasy, la pioggia di pesci è un fenomeno naturale reale, sebbene raro. Se mai dovessi trovarti nel mezzo di una di esse, ricorda: un ombrello potrebbe non bastare per proteggerti dai frutti di mare che cadono dal cielo!

46

COSA CAUSA LA «VISIONE STELLATA»?

Ti è mai capitato di alzarti troppo in fretta e di sentirti all'improvviso come se fossi dentro un'esplosione di brillantini? Un attimo prima stai bene e quello dopo la vista ti si riempie di lucine scintillanti. No, non stai sbloccando dei superpoteri e gli alieni non stanno cercando di teletrasportarti. Quello che sta succedendo in realtà è una cosa chiamata ipotensione ortostatica, che è solo un modo complicato per dire che la pressione sanguigna ti si abbassa troppo velocemente quando ti alzi in piedi.

Quando ti alzi, la forza di gravità spinge il sangue verso il basso e il tuo corpo dovrebbe reagire in fretta, restringendo i vasi sanguigni e aumentando la frequenza cardiaca per mantenere un flusso di sangue sufficiente al cervello. A volte, però, reagisce con un po' di ritardo, lasciando il cervello momentaneamente a corto di circolazione. È in quel momento che avverti vertigini, stordimento o quegli strani lampi di luce: in pratica è il tuo corpo che preme il pulsante *attendere prego* mentre cerca di recuperare.

Il più delle volte, il corpo si riprende in pochi secondi e tutto torna a posto. Tuttavia, se ti succede spesso, o se hai la sensazione di stare per svenire, potrebbe essere il segnale che c'è qualcos'altro che non va. Le cause potrebbero essere disidratazione, un basso livello di zuccheri nel sangue, alcuni farmaci o delle patologie preesistenti. Ricorda che se la cosa continua a ripetersi, vale la pena parlarne con i tuoi genitori.

Quindi, la prossima volta che ti alzerai troppo in fretta e la vista ti esploderà in un fuoco d'artificio, ricorda: non è una magia, è semplicemente il tuo corpo che cerca di tenere il passo. Non c'è bisogno di farsi prendere dal panico; è solo uno degli aspetti divertenti dell'essere umano.

47

COSA SUCCEDE QUANDO PRENDI LA SCOSSA?

La scossa... Un attimo prima stai tranquillamente vivendo la tua giornata e un attimo dopo, *zac!* Una scossetta che ti fa sobbalzare come se ti avesse colpito un fulmine. *Che sta succedendo?*

Quello che senti è l'elettricità statica in azione. Mentre ti muovi, che sia strusciando i piedi su una moquette, sfilandoti un maglione o scivolando sul sedile dell'auto, il tuo corpo raccoglie elettroni extra e accumula una carica elettrica. Alcuni materiali, come lana, moquette e tessuti sintetici, sono particolarmente efficaci nel trasferire questi elettroni, ed è per questo che è più probabile prendere la scossa in determinate situazioni.

Una volta che il tuo corpo ha accumulato abbastanza carica, ha bisogno di un posto dove scaricarla. Nel momento in cui tocchi qualcosa di conduttivo, come una maniglia di metallo, l'interruttore della luce o persino un'altra persona, l'energia immagazzinata si scarica in una rapida esplosione, creando quella piccola scossa pungente. È praticamente un fulmine in miniatura proprio sulla punta delle dita.

Le scosse si verificano più spesso in condizioni di aria secca, soprattutto in inverno, perché l'umidità nell'aria di solito aiuta l'elettricità a disperdersi prima che si accumuli. Quando l'aria è secca, quelle cariche extra rimangono in giro più a lungo, aspettando solo il momento perfetto per sorprenderti.

La buona notizia? Le scosse statiche sono piuttosto innocue: sono solo una piccola scarica per ricordarti che la fisica è sempre all'opera, anche quando non ci pensi. Quindi, la prossima volta che prendi la scossa, non prenderla sul personale. La natura ti tiene sulle spine o forse ti sta incoraggiando a investire in un buon paio di scarpe con la suola di gomma!

48
PERCHÉ ALCUNI ANIMALI BRILLANO MAGICAMENTE NEL BUIO?

Ti è mai capitato di passeggiare di notte al buio e notare all'improvviso una luce misteriosa in lontananza? No, hai sbagliato; non è un UFO e non hai sbloccato la visione notturna: è solo la natura che si mette in mostra. Alcuni animali, come le lucciole, le meduse e certi pesci degli abissi, hanno la capacità innata di brillare grazie a un fenomeno chiamato bioluminescenza: la versione naturale dei braccialetti fluorescenti!

Ma perché lo fanno? Beh, brillare serve a scopi diversi a seconda dell'animale e il più delle volte è per la sopravvivenza, per comunicare o, che tu ci creda o no, per questioni di cuore. Per le lucciole, brillare serve principalmente ad attirare il partner perfetto. Quei lampi scintillanti nella notte? Sono praticamente segnali d'amore tra lucciole. I maschi emettono segnali luminosi per fare colpo sulle femmine e, se una femmina è interessata, risponde con un lampo: è un po' come la versione naturale di un messaggino, *Ehi...*

Altre creature, come certe meduse e pesci degli abissi, usano la bioluminescenza per mimetizzarsi. Nelle profondità più buie dell'oceano, brillare dello stesso colore della luce circostante li aiuta a confondersi con l'ambiente e a evitare i predatori. È come un mantello dell'invisibilità, ma molto più fico.

Poi ci sono animali che usano la loro luce per confondere i predatori o per adescare le prede. Alcuni calamari, per esempio, creano giochi di luce pulsante per distrarre gli aggressori o attirare cene ignare. È come la versione subacquea di uno spettacolo laser, solo con più tentacoli e meno DJ.

Ma non sono solo le creature selvatiche ad avere questo superpotere luminoso; anche alcuni animali domestici mostrano bioluminescenza! Certe specie di gatti e cani, in particolare quelli con il pelo fluorescente, possono emettere un bagliore sotto la luce UV. Questo bagliore è dovuto a specifiche proteine della loro pelle e del loro pelo che reagiscono alla luce ultravioletta. Sebbene questa bioluminescenza non si verifichi naturalmente, come per le lucciole, è comunque un piccolo trucco affascinante che gli scienziati hanno scoperto in animali geneticamente modificati o in determinate condizioni di luce.

Quindi, la prossima volta che vedi qualcosa brillare in natura o nel tuo giardino, fai un respiro profondo e niente panico. Non è un'invasione aliena, solo alcune creature incredibili che mettono in mostra le loro lucine notturne integrate. Forte, no?

49

PERCHÉ I CANI INCLINANO LA TESTA IN QUEL MODO COSÌ CARATTERISTICO QUANDO ASCOLTANO? È SOLO UN GESTO TENERO O C'È DELL'ALTRO?

Al tuo cane è mai capitato di inclinare la testa quando gli parli, come se stesse cercando di decifrare un codice segreto o di risolvere uno dei grandi misteri di Sherlock Holmes? È uno dei suoi gesti più teneri, ma cosa succede davvero dietro quegli occhi adorabili?

Beh, i cani inclinano la testa per alcuni motivi, e di solito tutto si riconduce al loro desiderio di capirti meglio o di ricordare qualcosa. Innanzitutto, quando inclinano la testa regolano la posizione delle orecchie per sentirti più efficacemente. Le loro orecchie sono incredibilmente flessibili, e inclinare la testa li aiuta a sintonizzarsi meglio su ciò che stanno ascoltando. È quasi come se dicessero: *Aspetta, cosa? Puoi ripetere?* L'inclinazione li aiuta anche a capire da dove proviene il suono, un po' come se fosse la loro personale versione di un sonar.

Ma non è solo una questione di udito. Cercano anche di vederci meglio. I cani sono esperti nel leggere i nostri volti e le nostre emozioni, quindi quando inclinano la testa, ottengono una visuale migliore delle nostre espressioni. Stanno cercando di capire se siamo felici, arrabbiati o se gli stiamo solo chiedendo di nuovo di mettersi *seduto*. È come se fossero dei piccoli detective pelosi, che raccolgono tutti gli indizi che gli diamo.

E siamo onesti: a volte, probabilmente, stanno solo cercando di conquistarci per avere un bocconcino! *Oh, ti prego, dammi uno snack!* È la loro mossa preferita per ottenere un po' di coccole in più o una gustosa ricompensa. Quindi, quando il tuo cane ti fa quell'adorabile inclinazione della testa, sappi che sta cercando di capirti, di ricordare qualcosa o — gnam — di rimediare un bocconcino. In ogni caso, è troppo tenero per resistergli!

50

TRATTENERE UNA SCOREGGIA PUÒ DAVVERO FARTI ESPLODERE?

La risposta a questa domanda è un sonoro *no!* Sebbene trattenere una scoreggia non ti faccia esplodere, potrebbe farti desiderare di poterlo fare! Quando senti la pressione aumentare, è perché il tuo corpo sta creando del gas come parte del processo digestivo. Ogni giorno, lo stomaco e l'intestino lavorano sodo per digerire tutto quel cibo delizioso che mangi, producendo gas che, che ti piaccia o no, alla fine deve essere espulso.

Se trattieni quel gas, non scompare per magia. Invece, il tuo corpo lo riassorbe e potresti provare alcuni sintomi piuttosto sgradevoli, come gonfiore, fastidio o un mal di pancia occasionale. Puoi vederla un po' come quando cerchi di ficcare troppi vestiti in una valigia decisamente troppo piccola: alla fine qualcosa dovrà cedere!

Quindi, anche se non esploderai per aver trattenuto una scoreggia, la cosa può essere fastidiosa e potresti sentire lo stomaco un po' strano. Se sei tentato di trattenere una scoreggia in una situazione imbarazzante, probabilmente faresti meglio a lasciarla andare. Detto questo, è preferibile farla quando si è da soli. Se per caso dovesse scappartene una al momento sbagliato, non vergognarti e non diventare rosso come un peperone: ricorda che è una normale parte della digestione e che tutti fanno le scoregge, perfino gli influencer di tendenza sui social media!

Quindi, non stare a fasciarti la testa per una qualche drammatica esplosione dovuta a una scoreggia trattenuta, ma non trattenerla troppo a lungo: il tuo corpo potrebbe trovare un modo per liberarsene quando meno te lo aspetti o lo desideri!

POSTFAZIONE

Bene, ragazzi, eccoci arrivati alla fine di questa avventura folle, bizzarra e completamente fuori di testa. Avete imparato le risposte ad alcune delle domande più sconcertanti della vita, come perché non possiamo fare a meno di ridere quando qualcuno inciampa e perché non riusciamo a restare seri quando di mezzo ci sono le nostre scoregge. Ci siamo addentrati in ogni argomento, dal misterioso scopo dell'ugola — chi l'avrebbe mai detto che ne avesse uno? — alla questione se scrocchiarsi le dita provochi davvero l'artrite. Spoiler: non è così, ma potrebbe comunque far impazzire la persona che vi siede accanto.

E non dimentichiamoci delle buone notizie, come il fatto che trattenere una scoreggia non vi farà esplodere. Certo, potreste sentirvi un po' a disagio, ma non vi trasformerete in una bomba a orologeria ambulante tanto presto. Meno male, vero? Che abbiate letto questo libro tutto d'un fiato in un pomeriggio di pioggia o l'abbiate usato per sbalordire i vostri amici con strane curiosità, spero che vi siate fatti qualche risata e abbiate scoperto aneddoti divertenti.

La prossima volta che sarete in giro con gli amici e la conversazione virerà su domande come «Perché mi si addormenta il piede?» o «Qual è il problema dell'alito cattivo al mattino?», sarete voi quelli con tutte le risposte e, probabilmente, anche con qualche battuta epica da condividere. Congratulazioni, vi siete guadagnati ufficialmente il vostro dottorato di ricerca *non ufficiale* nella scienza delle domande strane e meravigliose che si fanno gli adolescenti!

Ricordate, la vita è troppo breve per prendere tutto così sul serio. Quindi, continuate a ridere delle piccole cose, a porvi le grandi domande e ad abbracciare sempre la stranezza. Alla prossima, rimanete spassosi, curiosi e meravigliosamente unici come siete!

Ehi, mi raccomando, non provate a trattenere quella scoreggia... lasciatela andare; magari, però, evitate di farlo in un ascensore affollato!

BIBLIOGRAFIA

Aguirre, C. (9 ottobre 2023). *La scienza del solletico*. Headspace. https://www.headspace.com/articles/is-laughter-the-best-medicine

Alito cattivo: Sintomi e cause. (2018). Mayo Clinic. https://www.mayoclinic.org/diseases-conditions/bad-breath/symptoms-causes/syc-20350922

Anandanayagam, J. (9 gennaio 2024). *Si può morire di imbarazzo? Cosa sappiamo*. Health Digest. https://www.healthdigest.com/1486527/can-embarrassment-cause-death/

Baraza, B. (26 dicembre 2024). *La scienza che spiega perché ci piacciono le nostre scoregge e cosa dice su leadership e auto-affermazione*. Medium. https://medium.com/@Balozi.baraza/the-science-behind-why-we-like-our-own-farts-and-what-it-says-about-leadership-and-empowerment-9c7fc9f45298

Barotrauma auricolare: Sintomi e cause. (2019). Mayo Clinic. https://www.mayoclinic.org/diseases-conditions/airplane-ear/symptoms-causes/syc-20351701

Beaulieu-Pelletier, G. (13 marzo 2023). *Perché ridiamo quando qualcuno cade? Ecco cosa dice la scienza*. The Conversation. https://theconversation.com/why-do-we-laugh-when-someone-falls-down-heres-what-science-says-199367

Bedinghaus, T. (2019). *Capire perché a volte si vedono le stelle e lampi di luce*. Verywell Health. https://www.verywellhealth.com/why-do-i-see-stars-3422028

Begum, J. (10 novembre 2021). *11 curiosità sugli starnuti e sullo starnutire*. MedicineNet. https://www.medicinenet.com/11_facts_about_sneezes_and_sneezing/article.htm

Begum, T. (s.d.). *L'eruzione del Krakatoa del 1883: Un anno di lune blu*. Natural History Museum. https://www.nhm.ac.uk/discover/the-1883-krakatau-eruption-a-year-of-blue-moons.html

Bhandari, S. (2021). *Cos'è il déjà vu?* WebMD. https://www.webmd.com/mental-health/what-is-deja-vu

Boyle Wheeler, R. (2019). *Slideshow: curiosità sui capelli grigi: Come curarli e apparire al meglio*. WebMD. https://www.webmd.com/beauty/ss/slideshow-beauty-gray-hair-facts

Brazier, Y. (24 maggio 2024). *Flatulenza: Cause, rimedi e complicazioni*. Medical News Today. https://www.medicalnewstoday.com/articles/7622

Breyer, M. (27 marzo 2025). *8 motivi per cui le zanzare sono attratte da te*. Verywell Health. https://www.verywellhealth.com/reason-mosquitoes-bite-some-people-more-others-4858811

Chiedilo ai cervelloni: Perché ridiamo quando qualcuno cade? (2008). *Scientific American Mind*, 19(5), 86-86. https://doi.org/10.1038/scientificamericanmind1008-86

Funzioni corporee spiegate: La pelle d'oca. (s.d.). Pfizer. https://www.pfizer.com/news/articles/bodily_functions_explained_goosebumps

Brown, H. (2014, 18 gennaio). *7 curiosità divertenti e insolite sul corpo umano*. Famous Scientists. https://www.famousscientists.org/7-fun-and-unusual-facts-about-the-human-body/

Brusie, C. (2016, 22 dicembre). *Nevralgia sfenopalatina: Guida al cervello congelato*. Healthline. https://www.healthline.com/health/sphenopalatine-ganglioneuralgia-brain-freeze

Cahn, L. (2019, 11 novembre). *Le 11 cose più assurde trovate nel corpo delle persone*. Reader's Digest. https://www.rd.com/list/craziest-things-found-in-peoples-bodies/?__cf_chl_tk=iFOSpzvXvMLUKSt6LpaHjAVHLorR M7KP8uKRSuNIqbA-1743597594-1.0.1.1-_ZACmYon64Ic9InUu2qMyN_7y DOaZfXEKvS8DwHpxsE

Si può starnutire con gli occhi aperti? (2016, 21 dicembre). Wonderopolis. https://www.wonderopolis.org/wonder/can-you-sneeze-with-your-eyes-open

Chan, K. (2024, 8 gennaio). *Memoria eidetica: La realtà dietro la mente «fotografica»*. Verywell Mind. https://www.verywellmind.com/eidetic-memory-7692728

Choi, C. Q. (2013, 9 gennaio). *Perché le dita di mani e piedi si raggrinziscono in acqua*. Live Science. https://www.livescience.com/26097-why-fingers-pruney-water.html

Choi, C. Q. (2023, 18 marzo). *Perché i cani inclinano la testa?* Live Science. https://www.livescience.com/why-do-dogs-tilt-their-heads

Cirino , E. (2018, 1 marzo). *Perché abbiamo le sopracciglia: Funzioni, folte, sottili e altro ancora*. Healthline. https://www.healthline.com/health/why-do-we-have-eyebrows

Dargel, C. (2022, 20 settembre). *I capelli bagnati possono far ammalare?* Mayo Clinic Health System. https://www.mayoclinichealthsystem.org/hometown-health/speaking-of-health/can-wet-hair-make-you-sick

Edwards, M. J., & Bhatia, K. P. (2012). Disturbi del movimento funzionali (psicogeni): Unire mente e cervello. *The Lancet Neurology*, 11(3), 250-260. https://doi.org/10.1016/s1474-4422(11)70310-6

Extance, A. (2016, 21 dicembre). *Spiegazione: La chimica delle flatulenze*.

Chemistry World. https://www.chemistryworld.com/news/explainer-the-chemistry-of-farts/2500168.article

Fastrich, G. M., Kerr, T., Castel, A. D., & Murayama, K. (2018). Il ruolo dell'interesse nella memoria per le domande di cultura generale: Un'indagine con un database su larga scala. *Motivation Science, 4*(3), 227-250. https://doi.org/10.1037/mot0000087

Franzen, A., Mader, S., & Winter, F. (2018). Sbadiglio contagioso, empatia e loro relazione con il comportamento pro-sociale. *National Library of Medicine, 147*(12), 1950-1958. https://doi.org/10.1037/xge0000422

Frothingham, S. (2019, 12 febbraio). *Cos'è la lanugine dell'ombelico e cosa dovrei fare al riguardo?* Healthline. https://www.healthline.com/health/belly-button-lint

Frothingham, S. (2020, 27 febbraio). *Si può starnutire con gli occhi aperti? Ci si può far male?* Healthline. https://www.healthline.com/health/can-you-sneeze-with-your-eyes-open

Galan, N. (2017, 9 agosto). *Cos'è la parestesia? Cause e sintomi.* Medical News Today. https://www.medicalnewstoday.com/articles/318845

Gallup, A. C., & Wozny, S. (2022). Sbadiglio contagioso interspecifico negli esseri umani. *National Library of Medicine, 12*(15), 1908. https://doi.org/10.3390/ani12151908

Ghose, T., & Zimmermann, K. A. (2012, 11 dicembre). *Pareidolia: Vedere volti in luoghi insoliti.* Live Science. https://www.livescience.com/25448-pareidolia.html

Giorgi, A. (2015, 26 settembre). *Tutto quello che c'è da sapere sul singhiozzo.* Healthline. https://www.healthline.com/health/hiccups

Buona domanda: Perché starnutire è così piacevole? (2012, 18 aprile). *CBS News.* https://www.cbsnews.com/minnesota/news/good-question-why-does-sneezing-feel-so-good/

Gotter, A. (2018, 26 marzo). *Alito cattivo al mattino: Prevenzione, cause, trattamento e altro.* Healthline. https://www.healthline.com/health/morning-breath

Gray, R. (2022, 20 giugno). I sorprendenti benefici delle dita che si raggrinziscono in acqua. *BBC.* https://www.bbc.com/future/article/20220620-why-humans-evolved-to-have-fingers-that-wrinkle-in-the-bath

Grucza, A. (2022, 9 aprile). *Cos'è l'insensibilità congenita al dolore?* WebMD. https://www.webmd.com/children/what-is-congenital-insensitivity-pain

Gupta, P. (2021, 30 settembre). *Perché starnutire è piacevole?* LifeMD. https://lifemd.com/learn/why-does-sneezing-feel-good

Hunter, A. (2023, 11 ottobre). *Si può starnutire con gli occhi aperti?* HowStuffWorks. https://science.howstuffworks.com/science-vs-myth/everyday-myths/sneeze-with-eyes-open.htm

Johnson, J. (2024, 21 ottobre). *Sbadigli: Cause e ragioni dello sbadiglio contagioso*. Medical News Today. https://www.medicalnewstoday.com/articles/318414

Khan, M. (2008, 2 aprile). *Come evitare che lo stomaco brontoli in pubblico*. WikiHow. https://www.wikihow.com/Keep-Your-Stomach-Quiet-in-Public

Komarla, J. (2023, 14 dicembre). *Perché ad alcune persone piace l'odore delle proprie flatulenze?* ZME Science. https://www.zmescience.com/feature-post/health/food-and-nutrition/why-do-some-people-like-the-smell-of-their-own-farts/

Krakatoa: Eruzione, cause e impatto. (2018, 9 maggio). History. https://www.history.com/articles/krakatoa

Kumar, M. (2024). Esplorare i sogni e analizzarne l'impatto sul comportamento. *Research Gate, 12*(1). https://doi.org/10.25215/1201.226

Lazear, R. (2025, 3 marzo). *Come si formano le nuvole? Uno scienziato spiega i diversi tipi di nuvole e come aiutano a prevedere il tempo*. The Conversation. https://theconversation.com/how-are-clouds-shapes-made-a-scientist-explains-the-different-cloud-types-and-how-they-help-forecast-weather-247682

Love, S. (2023, 10 luglio). *"Sentiamo" davvero il silenzio?* Scientific American. https://www.scientificamerican.com/article/do-we-actually-hear-silence/

Lovering, N. (2022, 22 giugno). *Posso essere dipendente dal cioccolato?* Psych Central. https://psychcentral.com/lib/does-chocolate-addiction-exist

Malchik, A. (2022, 31 agosto). *Il percorso a ostacoli verso un robot che cammina*. Medium. https://antoniamalchik.medium.com/the-bumpy-road-to-a-walking-robot-c3d5e25e716c

Manto, M., Bower, J. M., Conforto, A. B., Delgado-García, J. M., da Guarda, S. N. F., Gerwig, M., Habas, C., Hagura, N., Ivry, R. B., Mariën, P., Molinari, M., Naito, E., Nowak, D. A., Oulad Ben Taib, N., Pelisson, D., Tesche, C. D., Tilikete, C., & Timmann, D. (2011). Ruoli del cervelletto nel controllo motorio: la diversità di idee sul coinvolgimento cerebellare nel movimento. *The Cerebellum, 11*(2), 457-487. https://doi.org/10.1007/s12311-011-0331-9

Marks, H. (2012, 23 agosto). *Sogni*. WebMD. https://www.webmd.com/sleep-disorders/dreaming-overview

Mayo Clinic Staff. (2022, 26 maggio). *Ipotensione ortostatica (ipotensione posturale)*. Mayo Clinic. https://www.mayoclinic.org/diseases-conditions/orthostatic-hypotension/symptoms-causes/syc-20352548

McCallum, K. (2022, 3 giugno). Perché le zanzare sono attratte da alcune persone più che da altre? *Houston Methodist Leading Medicine*. https://

www.houstonmethodist.org/blog/articles/2022/jun/why-are-mosqui toes-attracted-to-some-people-more-than-others/

McDermott, A. (2016, 20 dicembre). *Perché le persone soffrono il solletico?* Healthline. https://www.healthline.com/health/why-are-people-ticklish

Tecnica del microfono e scelta di un microfono vocale per le esibizioni dal vivo. (s.d.). SingWise. https://www.singwise.com/articles/microphone-techni que-and-choosing-a-vocal-microphone-for-live-performance-purposes

Mir, A. (2024, 3 novembre). *Perché alcuni animali si illuminano? I segreti della bioluminescenza.* Medium. https://medium.com/the-thinkers-point/why-do-some-animals-glow-the-secrets-of-bioluminescence-2c91fa02bc02

Mitchell, C. (2019). *Evitare incendi da elettricità statica mentre si fa rifornimento durante l'inverno.* AccuWeather. https://www.accuweather.com/en/weather-news/what-causes-that-annoying-static-shock/338462

Moore, K. (2015, 6 ottobre). *Perché il mio stomaco brontola?* Healthline. https://www.healthline.com/health/abdominal-sounds

Morgan, K. K. (2024, 8 febbraio). *Cause della sudorazione eccessiva.* WebMD. https://www.webmd.com/skin-problems-and-treatments/hyperhidrosis-causes-11

Mulcahy, L. (2023, 12 settembre). Perché potrebbe non piacerti la tua voce registrata e come puoi cambiarla. *Washington Post.* https://www.washing tonpost.com/wellness/2023/09/12/why-your-recorded-voice-sounds-diffe rent/

Mito o realtà: Mangiare carote migliora la vista. (2013, 27 agosto). *Duke Health.* https://www.dukehealth.org/blog/myth-or-fact-eating-carrots-improves-eyesight

Mito o realtà: Ci vogliono sette anni per digerire una gomma da masticare. (2013, 27 agosto). *Duke Health.* https://www.dukehealth.org/blog/myth-or-fact-it-takes-seven-years-digest-chewing-gum

Miti sugli occhi e sulla vista. (2024, 13 febbraio). WebMD. https://www.webmd.com/eye-health/fact-fiction-myths-about-eyes

Naftulin, J. (2018, 13 giugno). *Perché diventiamo «hangry», secondo la scienza.* Health. https://www.health.com/nutrition/what-is-hangry

Nall, R. (2015, 9 marzo). *Intorpidimento del piede.* Healthline. https://www.healthline.com/health/numbness-of-foot

Nichols, H. (2018, 28 giugno). *Sogni: cause, tipi, significato, cosa sono e altro ancora.* Medical News Today. https://www.medicalnewstoday.com/arti cles/284378

Orf, D. (s.d.). *Il suono più forte che si conosca: l'eruzione del vulcano Krakatoa.* History Facts. https://historyfacts.com/science-industry/fact/the-loudest-known-sound-was-the-eruption-of-the-krakatoa-volcano/

Osborn, C. (2017, 8 maggio). *26 rimedi contro il singhiozzo*. Healthline. https://www.healthline.com/health/how-to-get-rid-of-hiccups

Palermo, E. (2013, 1 luglio). *Lluvia de Peces: Quando i pesci piovono dal cielo*. Live Science. https://www.livescience.com/37820-lluvia-de-peces-fish-rain.html

Panoff, L. (2019, 5 giugno). *Le carote fanno bene alla vista?* Healthline. https://www.healthline.com/nutrition/are-carrots-good-for-your-eyes

Pappas, S. (2023, 1 febbraio). *Cosa causa il déjà vu?* Scientific American. https://www.scientificamerican.com/article/what-causes-the-feeling-of-deja-vu/

Pareidolia. (2023). Psychology Today. https://www.psychologytoday.com/za/basics/pareidolia

Rajan, E. (2019, 31 dicembre). *Ingoiare la gomma da masticare: è pericoloso?* Mayo Clinic. https://www.mayoclinic.org/diseases-conditions/indigestion/expert-answers/digestive-system/faq-20058446

Rath, L. (2022, 13 febbraio). *Sindrome di Cotard: che cos'è?* WebMD. https://www.webmd.com/schizophrenia/cotards-syndrome

Roland, J. (2017). *Ipertricosi (sindrome del lupo mannaro): cause, trattamenti e tipi*. Healthline. https://www.healthline.com/health/hypertrichosis

Rosa-Aquino, P. (2022, 17 dicembre). *Strane segnalazioni hanno affermato che gli esseri umani prendono fuoco spontaneamente, ma la scienza può spiegare come i corpi a volte agiscano come lo stoppino di una candela*. Business Insider. https://www.businessinsider.com/is-spontaneous-human-combustion-real-or-myth-scientific-evidence

Sadr, J., Jarudi, I., & Sinha, P. (2003). Il ruolo delle sopracciglia nel riconoscimento facciale. *Sage Journals, 32*(3), 285-293. https://doi.org/10.1068/p5027

Santos-Longhurst, A. (2018, 30 luglio). *Quanto tempo ci vuole per digerire una gomma da masticare?* Healthline. https://www.healthline.com/health/how-long-does-gum-take-to-digest

Semple, K. (2017, 16 luglio). Ogni anno dal cielo "piovono pesci". Le spiegazioni sono diverse. *The New York Times*. https://www.nytimes.com/2017/07/16/world/americas/honduras-rain-fish-yoro.html

Shmerling, R. H. (2018, 6 maggio). Scrocchiare le dita: fastidioso e dannoso, o solo fastidioso? *Harvard Health Blog*. https://www.health.harvard.edu/blog/knuckle-cracking-annoying-and-harmful-or-just-annoying-2018051413797

Shmerling, R. H. (2020, 3 agosto). Ti interroghi sulla pelle d'oca? Certo che sì. *Harvard Health Blog*. https://www.health.harvard.edu/blog/wondering-about-goosebumps-of-course-you-are-2020080320688

Sinclair, C. (2022, 24 maggio). Protezione dell'udito a festival e concerti.

Alpine Hearing Protection. https://www.alpinehearingprotection.com/blogs/party-music/hearing-protection-at-festivals-and-concerts

Singh, N. (10 aprile 2022). *Gli scienziati hanno scoperto perché alle persone piace l'odore delle proprie scoregge*. Medium. https://medium.com/illumination/experts-found-people-like-the-smell-of-their-own-farts-7193c05ba764

Smuts, A. (s.d.). *Umorismo*. Internet Encyclopedia of Philosophy. https://iep.utm.edu/humor/

Uno starnuto può viaggiare fino a 160 km/h! (2022). American Renaissance School. https://www.arsnc.org/2022/12/16/7218/coughing-and-sneezing-are-just-some-of-the-more-interesting-and-complicated-ways-the-body-works-to-protect-your-lungs-from-contamination

Songu, M., & Cingi, C. (2009). Riflesso dello starnuto: realtà e finzione. *Therapeutic Advances in Respiratory Disease*, *3*(3), 131-141. https://doi.org/10.1177/1753465809340571

Stone, J., Carson, A., & Sharpe, M. (2005). Sintomi funzionali in neurologia: la gestione. *BMJ Journals*, *76*(suppl_1), i13-i21. https://doi.org/10.1136/jnnp.2004.061663

Suni, E., & Dimitriu, A. (30 ottobre 2020). *Sogni: perché sogniamo e come influenzano il sonno*. Sleep Foundation. https://www.sleepfoundation.org/dreams

Ecco quanto sudore si perde ogni ora in condizioni di caldo estremo. (5 luglio 2017). KHQ Right Now. https://www.khq.com/news/this-is-how-much-sweat-you-lose-each-hour-in-extreme-heat/article_15717480-f697-58f7-b9bf-c0feb5964b85.html

Trudeau, M., & Greenhalgh, J. (15 maggio 2017). *Lo sbadiglio potrebbe promuovere il legame sociale anche tra cani e umani*. NPR. https://www.npr.org/sections/health-shots/2017/05/15/527106576/yawning-may-promote-social-bonding-even-between-dogs-and-humans

Capire i microfoni. (27 giugno 2012). Institute of Museum and Library. https://ohda.matrix.msu.edu/2012/06/understanding-microphones/

Uttekar, P. S. (s.d.). *Quanto suda in media una persona in un giorno?* MedicineNet. https://www.medicinenet.com/how_much_does_an_average_person_sweat_in_a_day/article.htm

Ugola: anatomia, funzione e definizione. (6 aprile 2022). Cleveland Clinic. https://my.clevelandclinic.org/health/body/22674-uvula

Van, G. (31 maggio 2018). *Il caffè rallenta davvero la crescita?* Healthline. https://www.healthline.com/nutrition/does-coffee-stunt-growth

van de Laar, L. (17 maggio 2022). Starnuti: 10 ragioni, cause e fattori scatenanti. *Houston ENT*. https://www.houstonent.com/blog/sneezing-10-reasons-causes-and-triggers

Vandergriendt, C. (20 marzo 2023). *Quanto tempo si può stare senza dormire?*

Funzionalità, allucinazioni e altro. Healthline. https://www.healthline.com/health/healthy-sleep/how-long-can-you-go-without-sleep

Villazon, L. (s.d.). *Perché starnutire è così piacevole?* Science Focus. https://www.sciencefocus.com/the-human-body/why-does-sneezing-feel-so-good

Wells, D. (20 novembre 2017). *Fantosmia: odore di fumo, altri odori comuni, cause, trattamento*. Healthline. https://www.healthline.com/health/phantosmia

Cosa attira le zanzare? Comprendere i fattori che le richiamano. (2024, 23 settembre). Aptive Environmental. https://aptivepestcontrol.com/pests/mosquitoes/what-attracts-mosquitoes-understanding-the-factors-that-draw-them-in/

Cosa succede se trattieni i peti? (s.d.). Hackensack Meridian Health. https://www.hackensackmeridianhealth.org/en/healthu/2023/11/15/what-happens-if-you-hold-in-farts

Whelan, C. (2020, 22 settembre). *Perché le cipolle fanno piangere? Enzimi, rimedi e altro*. Healthline. https://www.healthline.com/health/why-do-onions-make-you-cry

Whitcomb, I. (2022, 18 luglio). *Perché ci viene la pelle d'oca?* Live Science. https://www.livescience.com/32349-what-causes-goose-bumps.html

Perché si soffre il solletico? (2024, 30 maggio). Cleveland Clinic. https://health.clevelandclinic.org/why-are-people-ticklish

Perché ricordo le informazioni inutili piuttosto che quelle utili? (2018). The Naked Scientists. https://www.thenakedscientists.com/articles/questions/why-do-i-remember-useless-information-over-useful-information

Perché ridiamo quando qualcuno cade? (2011, 14 febbraio). University of Cambridge. https://www.cam.ac.uk/news/why-do-we-laugh-when-someone-falls-over

Perché ci piacciono i nostri peti? (2014, 9 novembre). ScienceAlert. https://www.sciencealert.com/watch-why-do-we-like-our-own-farts

Perché starnutiamo? (2021, 16 giugno). Williams Integracare Clinic. https://integracareclinics.com/why-do-we-sneeze/

Perché si tappano le orecchie in aereo? (2025). Royal Society Te Apārangi. https://www.royalsociety.org.nz/150th-anniversary/ask-me-questions/why-do-your-ears-pop-in-planes/

Perché si tappano le orecchie in aereo? E risposte ad altre domande sul volo. (2022, 5 agosto). BBC Bitesize. https://www.bbc.co.uk/bitesize/articles/zvcd7v4

Perché il mio corpo ha degli scatti prima che mi addormenti? (per adolescenti). (s.d.). Nemours Teens Health. https://kidshealth.org/en/teens/sleep-start.html

Perché mi si addormenta il piede? (per bambini). (2025). Kids Health. https://kidshealth.org/en/kids/foot-asleep.html

Perché la tua voce suona diversa in una registrazione? (2013, 14 settembre). *BBC*. https://www.bbc.com/future/article/20130913-why-we-hate-hearing-our-own-voice

Perché ricordiamo le curiosità: la scienza della memoria. (2024, 21 ottobre). *The Sporcle Blog*. https://www.sporcle.com/blog/2024/10/why-we-remember-trivia/

Winchester, S. (2003). *Krakatoa: il giorno in cui il mondo esplose*. Harper Collins.

Zoppi, L. (2020, 17 luglio). *Cosa c'è da sapere sull'alito cattivo al mattino*. Medical News Today. https://www.medicalnewstoday.com/articles/morning-breath

www.ingramcontent.com/pod-product-compliance
Lightning Source LLC
Chambersburg PA
CBHW052057070526
44584CB00017B/2218